Й ЛЕДОВИТЫЙ ОКЕАН
ВОСТОЧНО-СИБИРСКОЕ МОРЕ
Анадырь
БЕРИНГОВО МОРЕ
AF523885
емля
Новосибирские острова
МОРЕ ЛАПТЕВЫХ
Яна
2283
Оймякон
Магадан
Полуостров Камчатка
Камчатка
Петропавловск-Камчатский
Лена
Алдан
Якутск
Амга
Болугур
ОХОТСКОЕ МОРЕ
Тура
унгуска
Лена
САХАЛИН
1609
Амур
Комсомольск-на-Амуре
Южно-Сахалинск
Хабаровск
Амур
Благовещенск
Лена
расноярск
Озеро Байкал
КИТАЙ
Чита
Усть-Ордынский
Иркутск
Улан-Удэ
3492
Владивосток
ЯПОНИЯ
КОРЕЯ
МОНГОЛИЯ

Слова́рик зада́ний в уче́бнике – Arbeitsanweisungen des Buches

А	абза́ц	Absatz
	анто́ним	Antonym/Gegenteil
В	Ваш партнёр до́лжен (угада́ть) …	Euer Partner soll (erraten) …
	вме́сто	anstelle/anstatt
	Вста́вьте … в ну́жной фо́рме.	Setzt … in der erforderlichen Form ein.
	Вы́берите …	Wählt … aus.
	Вы́пишите … из те́кста.	Schreibt … aus dem Text heraus.
	Вы́полните зада́ние.	Bearbeitet die Aufgabe.
	выраже́ние	Wendung
	выска́зывание	Aussage
	Вы́учите … наизу́сть.	Lernt … auswendig.
	Вы́ясните …	Findet heraus …
Г	глаго́л	Verb
Д	диало́г	Dialog
	Допо́лните …	Ergänzt …
З	Зада́йте вопро́сы.	Stellt Fragen.
	зага́дка	Rätsel
	загла́вие	Überschrift
И	Испо́льзуйте … / Вы мо́жете испо́льзовать …	Nutzt … / Ihr könnt … nutzen.
	Испра́вьте оши́бки.	Verbessert die Fehler.
К	Как по-ру́сски …?	Wie heißt … auf Russisch?
	Како́й текст/Како́е фо́то подхо́дит к …	Welcher Text/Welches Foto passt zu …
	карти́нка	Bild
Н	Назови́те …	Nennt …
	Найди́те …	Findet …
	Напиши́те …	Schreibt … auf.
	Нарису́йте …	Zeichnet …
	в нача́ле/в конце́ (уче́бника)	am Anfang/am Ende (des Buches)
О	Обосну́йте ва́ше мне́ние.	Begründet eure Meinung.
	Обсуди́те …	Diskutiert …
	Объясни́те …	Erklärt …
	оконча́ние	Endung
	Опиши́те …	Beschreibt …
	отве́т	Antwort
	Отве́тьте на вопро́сы.	Antwortet auf die Fragen.
П	Переведи́те.	Übersetzt.
	перево́д	Übersetzung
	Перепиши́те …	Schreibt … ab.
	Перескажи́те …	Erzählt … nach.
	персона́ж	(handelnde) Person
	подходя́щий	passend
	с по́мощью	mithilfe
	посло́вица	Sprichwort
	Послу́шайте … (ещё раз).	Hört euch … (noch einmal) an.
	Послу́шайте и повтори́те.	Hört zu und wiederholt.
	Посмотри́те на …	Schaut euch … an.
	похо́жий	ähnlich
	Пра́вильно и́ли непра́вильно?	Richtig oder falsch?
	предложе́ние	Satz
	Предста́вьте …	Präsentiert …
	Приду́майте …	Denkt euch … aus.
	прилага́тельное	Adjektiv
	Прове́рьте результа́т.	Überprüft das Ergebnis.
	Продо́лжите …	Setzt … fort.
	Прочита́йте …	Lest …
Р	Разыгра́йте сце́нки.	Spielt die Szenen nach.
	Расскажи́те о … / о том, что …	Erzählt von …/, was …
	расска́з	Erzählung
	Расста́вьте … по поря́дку.	Bringt … in die richtige Reihenfolge.
	резюме́	Resümee
	Речь идёт о …	Es geht um …
С	Скажи́те, (что э́то).	Sagt, (was das ist).
	скорогово́рка	Zungenbrecher
	слова́рь	Wörterbuch
	словосочета́ние	Wortverbindung
	Соста́вьте (mind map) …	Erstellt/Bildet (eine Mindmap) …
	спи́сок	Liste
	Спо́йте пе́сню.	Singt das Lied.
	Спроси́те друг дру́га.	Fragt euch gegenseitig.
	Сравни́те … (с …).	Vergleicht … (mit …).
	стихотворе́ние	Gedicht
	стихи́	Reime, Gedicht
	на страни́це (стр.) …	auf Seite (S.) …
	Счита́йте.	Zählt/Rechnet.
Т	табли́ца	Tabelle
У	Угада́йте …	Ratet/Erratet …
Ф	фла́ер	Flyer
Ц	ци́фры	Ziffern/Zahlen

Russisch als zweite Fremdsprache

Конечно! 4

von
Christine Amstein-Bahmann
Ulf Borgwardt
Monika Brosch
Danuta Gentsch
Natalia Ossipova-Joos
Gisela Reichert-Borowsky
Evelyn Walach
Jacqueline Zenker

Ernst Klett Verlag
Stuttgart · Leipzig

Конечно! 4

Autorinnen und Autoren: Christine Amstein-Bahmann, Grumbach; Dr. Ulf Borgwardt, Wackerow; Dr. Monika Brosch, Grimma; Danuta Gentsch, Erfurt; Natalia Ossipova-Joos, Affalterbach; Gisela Reichert-Borowsky, Tübingen; Evelyn Walach, Berlin; Jacqueline Zenker, Zittau

Beratung: Dr. Rainer Berthelmann, Halle; Peter Jakubow, Dettenhausen

Unter Mitwirkung von: Anatoly Kovtun, Dr. Elisabetta Nöldeke

Zusatzmaterialien für Schüler und Schülerinnen zu diesem Band:
Arbeitsheft plus 1 Audio-CD und Lernsoftware, Klett-Nr. 527509
Grammatisches Beiheft, Klett-Nr. 527504

1. Auflage 1 8 7 6 5 | 2021 20

Alle Drucke dieser Auflage sind unverändert und können im Unterricht nebeneinander verwendet werden. Die letzte Zahl bezeichnet das Jahr des Druckes.

Internetadresse: www.klett.de

Redaktion: Ekaterina Danilevskaya, Simone Peichl
Gestaltung: Miriam Brusniak

Umschlaggestaltung: Know Idea GmbH, Freiburg
Illustrationen: Yaroslav Schwarzstein, Hannover
Reproduktion: Meyle + Müller GmbH & Co. KG, Pforzheim
Druck: Himmer GmbH Druckerei, Augsburg

Printed in Germany.
ISBN 978-3-12-527498-3

9 783125 274983

* Diese Lektion ist nur verpflichtend, wenn der Lehrplan Ihres Bundeslandes die Durchnahme der Partizipien für das 4. Lernjahr vorsieht.

Erläuterungen

S 12 ◎	**Schüler-CD (Аудирование)**	Hörverstehen: Der Text bzw. die Übung ist auf der Schüler-CD zu hören. Die Ziffer verweist auf die Track-Nummer.
L 27 ◎	**Lehrer-CD (Аудирование)**	Hörverstehen: Der Text bzw. die Übung ist nur auf der Lehrer-CD zu hören. Die Ziffer verweist auf die Track-Nummer.
	Partnerarbeit	Soziale Kompetenz: Hier arbeitet ihr zu zweit, entweder mit eurem Sitznachbarn oder mit einem anderen Klassenkameraden.
	Gruppenarbeit	Soziale Kompetenz: Hier arbeitet ihr in einer Gruppe von drei oder mehreren Schülern.
	Themenbezogene sprachliche Strukturen zum Selbstentdecken	Hier könnt ihr grammatische Inhalte selbstständig erarbeiten, in eure Hefte eintragen und ergänzen.
	Portfolio	Besonders gelungene Arbeiten könnt ihr in einer eigens dafür angelegten Mappe (Portfolio-Ordner) abheften.
www	**Internet**	Hier könnt ihr im Internet auf Informationssuche gehen.
§ 18	**Verweis auf das Grammatische Beiheft**	Hier findet ihr einen Verweis auf das entsprechende Grammatikkapitel im Grammatischen Beiheft.
3	**Übung im Arbeitsheft (Рабочая тетрадь)**	An dieser Stelle findet ihr einen Verweis auf weitere Übungen in eurem Arbeitsheft (Рабóчая тетрáдь), die ihr nach der Arbeit mit dem Schülerbuch lösen könnt.
Z	**Kommunikative Ziele**	Hier erfahrt ihr, was ihr am Ende der Lektion auf Russisch ausdrücken könnt.
	Interkulturelle Kompetenz	Das Maskottchen, die Fotos von Originalschauplätzen und die Themen befähigen zu interkulturellem Handeln.
	Fakultative Übung	Übungen mit diesem Symbol sind fakultativ.
	Fakultative Seiten	Die gelb unterlegten Seiten sind fakultativ.

Um die Lesbarkeit zu erleichtern, haben wir in den Aufgaben nur die Lehrer, Schüler, Partner und Freunde erwähnt. Selbstverständlich sind damit auch alle Lehrerinnen und Schülerinnen, Partnerinnen und Freundinnen gemeint!

Die Angebote in Конечно! sind nicht obligatorisch abzuarbeiten. Die Auswahl der Texte und Übungen richtet sich nach den Schwerpunkten des schulinternen Curriculums.

В гостя́х у шко́лы-партнёра

Z Am Ende der Lektion könnt ihr zu einem Schüleraustausch mit Russland Auskünfte und Tipps geben sowie einen Reisebericht über einen Austausch/eine Klassenfahrt schreiben.

Первая встреча в Новосибирске **А**

Чтобы войти, нужен код! **Б**

В За ужином

В квартире всегда надева́ют та́почки! **Г**

Д Прое́кт школ из Галле и Мурманска

Е Кабинет в русской школе

1 По обмену в России

а) Посмотрите на фотографии и прочитайте информацию к ним. Опишите, что вы видите на фотографиях.

б) Vergleicht die Situationen auf den Fotos mit ähnlichen Situationen in Deutschland. Welche Unterschiede und Gemeinsamkeiten könnt ihr feststellen?

2 Интервью́ с Мати́асом Бу́ргхардтом 1

Журналист: Господи́н Бу́ргхардт, вы 4 го́да рабо́тали в Фо́нде «Герма́но-росси́йский молодёжный обме́н» в Га́мбурге. Чем занима́ется э́тот фонд?

М. Бургхардт: Фонд организо́вывает встре́чи ме́жду молодёжью из Герма́нии и Росси́и. Мы помога́ем неме́цким и ру́сским ученика́м е́здить друг к дру́гу. Обы́чно они́ живу́т в се́мьях партнёров, знако́мятся с культу́рой друго́й страны́ и обща́ются друг с дру́гом. Они́ ча́сто вме́сте рабо́тают над прое́ктами, посеща́ют уро́ки в шко́ле, е́здят на экску́рсии … Ученики́ ста́рших кла́ссов та́кже мо́гут пройти́ пра́ктику в ру́сской фи́рме.

Журналист: Неме́цкие ученики́ е́здят то́лько в Москву́ и Петербу́рг?

М. Бургхардт: Нет. У нас та́кже есть конта́кты в Ю́жной Росси́и и в Сиби́ри. Есть да́же шко́ла-партнёр в Яку́тске!

Журналист: Вы мо́жете рассказа́ть о са́мом необы́чном прое́кте?

М. Бургхардт: Да, э́то был обме́н ме́жду шко́лой для глухонемы́х в Га́лле и шко́лой в Му́рманске.

а) Прочитайте текст и ответьте на вопросы.

1. Чем занимается фонд?
2. Что могут делать молодые люди во время обмена?
3. Куда ездят немецкие ребята по обмену?
4. Что Матиас Бургхардт думает о проекте со школой для глухонемых?

Eine Initiative des Bundesministeriums für Familie, Senioren, Frauen und Jugend, der Freien und Hansestadt Hamburg, der Robert Bosch Stiftung und des Ost-Ausschusses der Deutschen Wirtschaft

б) О себе Вы хотите участвовать в обмене с Россией или нет? Обосну́йте ва́ше мне́ние (Begründet eure Meinung).

3 По следам … §1 2

а) Найдите в интервью предложения с формами «друг друга» и переведите их. Vergleicht die Bildung des Pronomens im Russischen und im Deutschen: Welcher Teil des Pronomens ändert sich jeweils? Was ist bei der Verbindung mit Präpositionen zu beachten?

б) Ребята из Галле и Мурманска рассказывают о проекте "Учиться жить через танец". Вставьте «друг друга» в нужной форме.
» 1. Мы …

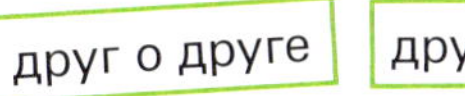

друг о друге | друг к другу | друг другу | друг от друга | друг с другом (2x) | друг друга

1. жили в русских семьях недалеко
2. каждый день танцевали
3. хорошо понимали
4. много общались
5. часто ходили в гости
6. всегда помогали
7. много узнали

S 1 Приве́т из Росси́и!

Ване́сса из А́нклама:
В э́том году́ мы провели́ две неде́ли в Москве́. Ка́ждый день мы и́ли ходи́ли в шко́лу, и́ли е́здили на экску́рсии. Осо́бенно мне понра́вился Арба́т. Там продаю́тся кла́ссные сувени́ры. И там так мно́го худо́жников. Оди́н да́же нарисова́л мой портре́т! А ещё в Москве́ так мно́го люде́й и маши́н! И все ужа́сно спеша́т. В метро́ я да́же два ра́за не могла́ вы́йти из ваго́на на свое́й ста́нции! Но я обяза́тельно хочу́ ещё раз пое́хать туда́.

S 2

А́нна из Го́ты:
О́сенью я была́ по обме́ну в го́роде Мы́шкине. Си́мвол э́того го́рода – мышь! У семьи́, где я жила́, была́ о́чень ма́ленькая кварти́ра. Но всё-таки мне там понра́вилось. Я жила́ в ко́мнате Ле́ны, а Ле́на спала́ у свое́й ба́бушки. По вечера́м мы все вме́сте сиде́ли в ую́тной ку́хне, пи́ли чай и разгова́ривали друг с дру́гом. Жить в большо́й семье́ – э́то так кла́ссно! До́ма я живу́ то́лько с ма́мой …

S 3

О́йген из Ду́йсбурга:
На́ша шко́ла уже́ 10 лет дру́жит с гимна́зией в Новосиби́рске. Мы ка́ждый год е́здим друг к дру́гу. Хотя́ мои́ роди́тели из Казахста́на, я ра́ньше никогда́ не́ был в Росси́и.
Вчера́ мы бы́ли в большо́м магази́не, где ребя́та хоте́ли купи́ть сувени́ры, но не зна́ли, как спроси́ть. Вот я и помога́л им. Снача́ла Ли́зе, кото́рая хоте́ла купи́ть всё! И матрёшку, и CD … А пото́м А́лексу … ☺

S 4

Да́вид из Берли́на:
По обме́ну в Ряза́ни! Го́род мне понра́вился, осо́бенно дом-музе́й, где роди́лся учёный Ива́н Па́влов. Пло́хо то́лько, что тепе́рь на́до рабо́тать над прое́ктом «Соба́ки Па́влова». А вот шко́ла в Росси́и – э́то про́сто у́жас!
У них так мно́го дома́шних зада́ний, и они́ у́чатся да́же в суббо́ту. Мы с Ники́той хорошо́ понима́ли друг дру́га. Но он гото́вился к экза́менам, и поэ́тому никуда́ не мог со мной ходи́ть, ни на дискоте́ки, ни на экску́рсии.

1 К тексту 3, 4

а) Составьте mind map и расскажите о ребятах. Скажите, где они были, что они делали, что им (не) понравилось. Используйте следующие слова и словосочетания.

б) **Игра** Arbeitet in vier Gruppen. Jede Gruppe wählt eine Person aus Text A und formuliert zu ihr sechs Fragen. Stellt dann die Fragen den anderen. Die Gruppe, die am schnellsten antwortet, erhält einen Punkt.

в) **О себе** Bei welcher Familie hättet ihr gern beim Austausch gewohnt? Erklärt, warum.

2 По следам … §2

а) Ihr lernt jetzt das Possessivpronomen **свой** kennen. Es wird verwendet, wenn sich der „Besitz" auf das Subjekt des Satzes bezieht. Achtung: Свой wird für alle Personen im Singular und Plural gebraucht, es muss also immer anders übersetzt werden. Сравните и переведите предложения.

Лена любит **свою** бабушку.

Ты тоже любишь **свою** бабушку?

Dekliniert wird свой ebenso wie мой.
Свой steht nie im Nominativ:
Я люблю **свой** портрет. ↔
Мой портрет мне очень нравится.

б) Переведите текст и напишите конец истории (2 предложения).

Ванюша приехал по обмену к Бабе-Яге. Она показывает ему свой необычный дом. Он стоит на ногах и у него нет дверей. Ванюша: «Вы любите свой дом?» Баба-Яга: «Конечно, я люблю свой дом. Я живу здесь уже 150 лет». Ванюша: «Вы живёте однá в своём доме?» Баба-Яга: «Нет. Я живу со своим котóм. Видишь, Васька в своём кресле спит. А ещё я часто приглашаю своих подруг из рок-группы «Рок-Бабы». Сегодня у нас репетиция. Мы будем играть свои любимые песни, завтра будет концерт. А вот уже прилетают …»

3 Ты любишь свой мобильник?

О себе Jeder notiert zehn Dinge, die er besitzt. Tauscht die Hefte aus und fragt einander, ob ihr diese Dinge mögt.

» Ты любишь свой мобильник? – Да, я люблю свой мобильник.

4 Свой или его, её, их? 5–7

а) Переведите предложения. Vergleicht und erklärt den Gebrauch der Possessivpronomen. Findet ihr heraus, von wessen Freundin, Zimmer und Souvenirs hier die Rede ist?

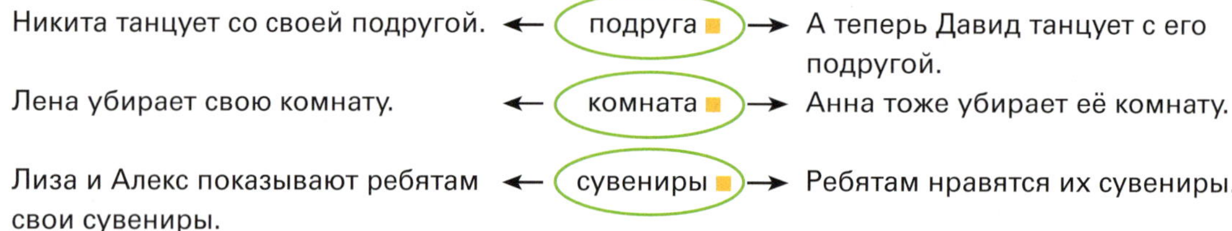

б) Свой или его, её, их? Дополните предложения.

Давид думает о ■ проекте. Тема ■ проекта «Павлов и ■ собаки». Иван Павлович любил ■ родной город Рязань. В ■ родном городе было много собак. Через много лет учёный Павлов занимался собаками и ■ реа́кциями. В ■ институ́те он проводил экспериме́нты со ■ собаками. Вот ■ самый известный эксперимент: каждый раз, когда он давал ■ собаке колбасу, звонил звонок. Через несколько недель звонил только звонок, и ■ собака уже ждала колбасы. Так Павлов узнал, как собаки реагируют на сигна́лы. За ■ эксперимент он получил Но́белевскую пре́мию.

L 1 5 Жанин рассказывает

а) Посмотрите на фотографию и скажите, что вы видите на ней. Что вы думаете об этом?

б) Прочитайте сначала вопросы 1–4. Потом послушайте текст и ответьте на эти вопросы.

в) Объясните по-немецки значение слова «бездомный». Tipp: Denkt an die Wortbildung.

г) Прочитайте после этого вопросы 5–6. Послушайте текст ещё раз и ответьте на эти вопросы.

1. Где живёт Жанин?
2. В каком классе она учится?
3. Куда она ездила?
4. Как долго она была в России?
5. Что ей там понравилось и что ей не понравилось?
6. Хочет Жанин ещё раз поехать в Россию? Почему?

6 По следам … §3 8

а) Как по-немецки «никогда», «нигде́», «никуда»?
Tipp: ни- = „nirgend-, nie-".

б) Переведите предложения. Erklärt mithilfe des Merkzettels die Besonderheit bei der Verneinung mit Negativadverbien.

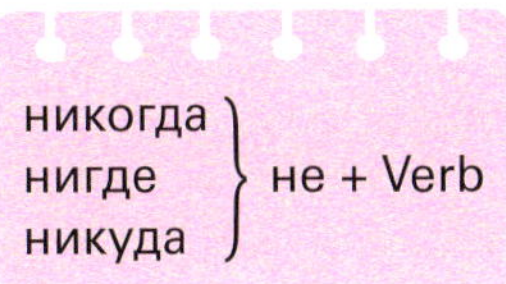

в) Как вы думаете, почему этот мальчик поехал в Россию?

7 Или в школу, или на экскурсию 9

а) Найдите в тексте А предложения с «или …, или», «и …, и» и «ни …, ни» и переведите их.

б) Что ребята делали во время обмена? Составьте предложения. (+ «или …, или», ++ «и …, и», – «ни …, ни»). Tipp: Denkt an die doppelte Verneinung bei ни …, ни.

- \+ посещать уроки/ездить на экскурсии
- ++ работать над проектами/встречаться с друзьями
- – ездить в Москву/в Петербург
- ++ покупать сувениры/книги
- \+ ходить в театр/на концерт
- ++ гулять по центру города/ходить в музеи
- – ходить на рынок/в кино

в) **О себе** Что вы делаете сегодня вечером, на уроке, во время каникул …? Verwendet die doppelten Konjunktionen.

8 По обмену в России

Informiert euch im Internet über die verschiedenen Möglichkeiten von Aufenthalten für Jugendliche in Russland. Ihr könnt zum Beispiel auf die Homepage der Stiftung Deutsch-Russischer Jugendaustausch gehen. Informiert euch gegenseitig über Voraussetzungen, Aufenthaltsorte, Kosten, Termine, Anmeldungsmodalitäten usw.

S 5–8

Похо́д с ку́рицей

Класс Ла́уры прие́хал по обме́ну в Екатеринбу́рг. В аэропорту́ их уже́ жда́ли ру́сские се́мьи. Кристи́на, подру́га Ла́уры, жила́ в семье́ в но́вом райо́не го́рода. Когда́ Кристи́на вы́шла из маши́ны, она́ уви́дела то́лько многоэта́жные дома́, похо́жие друг на дру́га. «Как я пото́м найду́ доро́гу домо́й!?» – поду́мала она́.

На сле́дующее у́тро Кристи́на просну́лась от за́паха ку́рицы. «Я что, проспала́? Уже́ обе́д?» Она́ вошла́ в ку́хню. Вся семья́ сиде́ла уже́ за столо́м.

– До́брое у́тро, Кристи́на! – сказа́ла Наде́жда Васи́льевна, ма́ма Ната́ши.

На столе́ стоя́ли таре́лки с карто́шкой, ку́рицей и хле́бом.

– Ты бу́дешь карто́шку с ку́рицей и́ли яи́чницу с сы́ром? – спроси́ла Ната́ша.

– Ку́рица у ма́мы всегда́ о́чень вку́сная.

Стра́нно, почему́ Ла́ура ей не сказа́ла, что в Росси́и таки́е за́втраки! Кристи́на почу́вствовала себя́ ужа́сно. Как им объясни́ть, что обе́дать в во́семь утра́ она́ не мо́жет.

– Я … не … Hunger …

– Невку́сно? Хо́чешь тогда́ блины́? – спроси́ла Наде́жда Васи́льевна.

– Äh, нет, спаси́бо. У́тром я ничего́ не могу́ есть.

Воскресе́нье. Серге́й Петро́вич, па́па Ната́ши, сказа́л Кристи́не, что они́ иду́т в похо́д.

По́сле за́втрака Ната́ша начала́ собира́ть рюкза́к. – Ой, гла́вное не забы́ть ко́мпас!

– Заче́м тебе́ ко́мпас? – спроси́ла Кристи́на. – Я себе́ неда́вно купи́ла моби́льник с GPS. Э́то кла́ссная вещь! И никако́й ко́мпас нам не ну́жен.

Че́рез три часа́ они́ бы́ли у па́мятника, кото́рый стои́т на грани́це ме́жду Евро́пой и А́зией. Кристи́на хоте́ла сде́лать фотогра́фии для шко́льного бло́га, но Серге́й Петро́вич расска́зывал и расска́зывал. Ура́л … А́зия … па́мятник … Кристи́на почти́ ничего́ не поняла́. Ей бы́ло так ску́чно. Интере́сно, а где сейча́с Ла́ура и други́е ребя́та из гру́ппы? Мо́жет быть, они́ хо́дят по магази́нам и́ли сидя́т в кафе́?

– Так, па́па, стоп. Кристи́не э́то неинтере́сно. Дава́йте уже́ на о́зеро!

Доро́га че́рез лес была́ о́чень краси́вая. Со́лнце свети́ло, бы́ло ти́хо, то́лько пе́ли пти́цы. Оди́н раз они́ уви́дели да́же лису́. Че́рез час Серге́й Петро́вич сказа́л:

– Ната́ша, дай мне, пожа́луйста, ко́мпас. Мне ка́жется, что мы непра́вильно идём.

Ната́ша объясни́ла, что она́ не взяла́ ко́мпас, потому́ что у Кристи́ны есть GPS. Кристи́на посмотре́ла на телефо́н. Что случи́лось? Он не рабо́тал.

– Кристи́на, не волну́йся, о́зеро не мо́жет быть далеко́. Мы найдём его́ и без GPS, – сказа́л Серге́й Петро́вич.

Они́ пошли́ да́льше … В лесу́ кро́ме них никого́ не́ было.

У Кристи́ны боле́ли но́ги, она́ ни с ке́м не хоте́ла разгова́ривать и ни о чём не могла́ ду́мать, она́ ужа́сно хоте́ла есть. «Блин, ну почему́ я сего́дня не поза́втракала?» – поду́мала она́.

Вдруг Серге́й Петро́вич сказа́л:

– Ой, ка́жется, я зна́ю э́то ме́сто! О́зеро совсе́м недалеко́!

И действи́тельно, че́рез де́сять мину́т, они́ уже́ сиде́ли на берегу́ о́зера. Кристи́на с удово́льствием е́ла ку́рицу. Она́ была́ така́я вку́сная!

– Я же тебе́ говори́ла, что ма́ма о́чень хорошо́ гото́вит, – улыбну́лась Ната́ша.

А Кристи́на отве́тила:

– Я не могла́ себе́ предста́вить, что тако́е похо́д. Но тепе́рь я поняла́ – э́то, когда́ до́лго идёшь, а пото́м ешь ку́рицу.

1 К тексту

10, 11

1

2

3

4

5

6

а) Опишите картинки.
б) Придумайте заглавие к каждой картинке.
в) Расставьте картинки по порядку и перескажите текст с помощью заглавий и картинок.
г) Как вы думаете, почему Кристина не хочет завтракать?
д) **О себе** Wie würdet ihr euch an Christinas Stelle verhalten?

2 Кристине было так скучно!

12

а) Объясните, почему Кристине было так скучно у памятника «Европа – Азия».
б) Составьте предложения. Verwendet Präsens, Präteritum oder Futur.

в) **О себе** Опишите две-три ситуа́ции, когда вам было скучно, интересно, холодно, тепло, приятно, трудно, плохо или неудобно. Sucht euch 2 Partner und lest euch gegenseitig die Situationen vor. Die Zuhörer sagen, wie sich der Erzähler in der geschilderten Situation gefühlt hat.

3 О Екатеринбурге

Найдите в Интернете информацию о Екатеринбурге. Где расположен этот город? Почему он так называется? Что вы там можете посмотреть? Что вам особенно интересно? Напишите маленький текст о городе.

4 По следам … §3

Прочитайте и переведите предложения. Erklärt die Bildung der Negativpronomen und vervollständigt den Merkzettel.
Tipp: Orientiert euch an der Bildung der Negativadverbien.

В лесу **никто не** гулял.
В лесу **ничего не** случилось.
Никакой компас нам **не** нужен.

кто? → никто
что? → ничего (!)
■ → никакой
} + ■ + Verb

5 Никто ничего не делает

а) Кристина удивляется, что в русской школе все ученики внимательно слушают учителей. Составьте предложения со словом «никто».

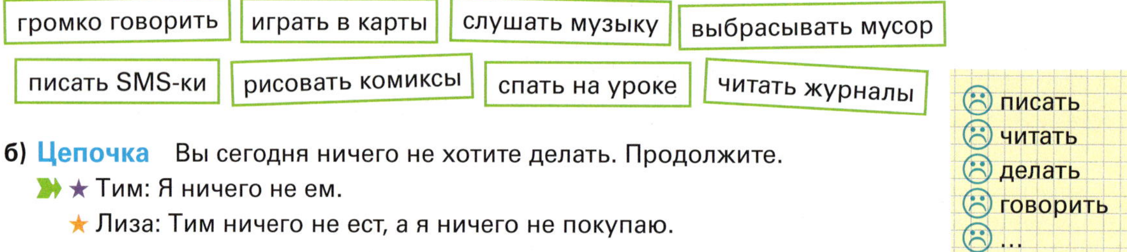

б) **Цепочка** Вы сегодня ничего не хотите делать. Продолжите.
★ Тим: Я ничего не ем.
★ Лиза: Тим ничего не ест, а я ничего не покупаю.
…

☹ писать
☹ читать
☹ делать
☹ говорить
☹ …

6 По следам … § 3 13–15

а) Die Negativpronomen werden wie die zugehörigen Fragewörter dekliniert. Findet in Text Б die Sätze mit den deklinierten Formen und übersetzt sie.
Was passiert, wenn eine Präposition hinzutritt?

Nicht vergessen: Nach (у меня) нет/не было folgt der Genitiv!
→ В лесу **никого** не было.
→ У меня нет **никаких** вопросов.

б) У мамы Наташи всегда много вопросов … Ответьте за Кристину.
Кому ты вчера звонила? – Я **никому не** звонила.

1. Что ты хочешь есть?
2. С кем ты сидела в чате?
3. Кого ты сегодня сфотографировала?
4. Что у тебя болит?
5. В какой музей вы сегодня ходили?
6. О чём ты думаешь?
7. У кого вы сегодня были?
8. Какой подруге ты хочешь позвонить?

в) Борис, младший брат Наташи, никогда не согласен с ней. Что он говорит?
Наташа: Я всем помогаю. – Борис: Нет, это не так, ты никому не помогаешь!

1. Я занимаюсь музыкой, спортом и рисованием. → Нет, …
2. Я дружу со всеми одноклассниками.
3. Я показываю свою комнату всем друзьям.
4. Я всегда думаю о родителях, о бабушке и о дедушке.
5. У меня много хобби.
6. Я умею играть на разных инструментах.

7 Так говорят – Я не совсем понимаю

So kannst du fragen, wenn du etwas nicht verstehst oder ausdrücken kannst:	**So kannst du um etwas bitten, wenn du deinen Gesprächspartner nicht verstanden hast:**
Что зна́чит это слово? Как сказать по-русски ...? Вы не можете сказать, ...? Как это называется по-русски?	Извините, я не понял(а) ... Повторите, пожалуйста, ещё раз ... Говорите, пожалуйста, ме́дленнее/ гро́мче/не так быстро/... Скажите это други́ми слова́ми.

По-русски Ты завтракаешь со своей «русской семьёй». Что ты скажешь,
- wenn du nicht weißt, was Rührei auf Russisch heißt?
- wenn die Mutter zu schnell spricht?
- wenn du die Erklärung des Vaters nicht verstanden hast?
- wenn die Oma zu leise spricht?
- wenn du nicht weißt, was ein bestimmtes Wort bedeutet?

8 Звуки 16

S 9 **а)** Wiederholt die Ausspracheregeln für den Buchstaben **о**. Hört dann die CD an und sagt, an welchen Stellen das **о** nicht den bekannten Regeln entspricht. Wie wird es ausgesprochen?

почу́вствовать себя́ ужа́сно – фотогра́фии для шко́льного бло́га – почти́ ничего́ не понима́ть – на о́зере никого́ не́ было – объясня́ть, что́ тако́е похо́д

б) Послушайте словосочетания ещё раз и повторите их.

S 10 **в)** Послушайте скороговорки и повторите их. (→ S. 127)

От то́пота копы́т
пыль по́ полю лети́т.

Протоко́л про протоко́л
протоко́лом запротоколи́ровали.

9 По следам ... § 4 17

а) Nicht alle reflexiven Verben werden mit -ся gebildet. Manche Verben verwendet man mit dem Reflexivpronomen **себя**. Dazu gehören z. B. чувствовать себя und представлять себе. Konjugiert diese Verben.

себя́	
N.	–
G.	себя́
D.	себе́
A.	себя́
I.	собо́й
P.	(о) себе́

б) Составьте предложения.
Denkt bei ничего an die doppelte Verneinung mit не.

Кристина	чувствовать		сувениры
ребята	покупать	себя	что такое поход
Рита	брать с	себе	рюкзак
Наташа	рассказывать о	собой	ничего
Фабиан	представлять		хорошо

10 Стратегия – Отчёт о поездке (Einen Reisebericht schreiben)

! Ein Bericht soll informativ und anschaulich sein und möglichst ein besonderes Erlebnis beinhalten, damit er lebendig wirkt. Ihr könnt die Ich- oder die Wir-Form verwenden. Schreibt den Bericht im Präteritum und beachtet die zeitliche Abfolge der Ereignisse.

Die Einleitung enthält Angaben zu den Fragen: **Где? Когда? Кто? Что?**
Im Hauptteil stehen Informationen zu den Fragen: **Что случилось? Как? Почему?**
Im Schlussteil werden die Ergebnisse der Reise zusammengefasst.

Diese Wörter helfen euch beim Schreiben eines Berichts:
- в первый/во второй/в последний день (обмена)
- в начале/в конце (встречи)
- утром/днём/вечером
- сначала/(а) потом/после (прибытия)/ после этого/после того, как

Wenn ihr den Bericht geschrieben habt, lest ihn mehrmals durch. Prüft dabei:
1. Sind alle Angaben enthalten?
2. Stimmt die zeitliche Abfolge der Ereignisse?
3. Ist die Rechtschreibung aller Wörter korrekt?
4. Habt ihr die Grammatikregeln beachtet?

а) Прочитайте абза́цы (Absätze) 1–5 и расставьте их по порядку.
б) Исправьте ошибки (19) в шестом абзаце.
в) Как вы думаете, это хороший отчёт? У вас есть вопросы к Саре?

В Но́вгороде

1. Новгород – один из самых старых городов России. Он расположен на реке Во́лхове и на озере Ильме́нь. Город находится недалеко от Санкт-Петербурга.
2. В четвёртый день по программе у нас был «день в семье». Он начался для меня рано утром, потому что моя семья хотела поехать со мной в Вели́кий Но́вгород.
3. В этом году наш обмен с Классической гимназией № 610 в Санкт-Петербурге был в начале мая. Я жила в очень приятной семье.
4. А ещё там есть знаменитый Кремль. Он называется Дети́нец.
5. Новгород мне очень понравился. Сначала мы посмотрели очень интересный памятник истории России, а потом Софи́йский собо́р.
6. После того, как мы были в собор, мы просто гуляли по Кремле. Потом у меня был приключение. Я был в тоалете, хотела выйти, но не смогла открыть двер. Десять минуты пробовала ...! Что делат? Мобильник я не взяла с себе и в туалет кроме меня никого не было. Наконец вошла жена. Я громкий сказала «помогать, помогать», потому что не знала как по-русский Hilfe. Жена сразу поняла и с помощью маленького ножа смогла открыть дверь. Как я была рад! После это приключение мы пообе́дали в маленький ресторане с русской кухней. Вечером поехали дома.

Неправильно!

Сара Шустер

11 Такой странный город!

Вставьте «такой странный» в нужной форме. Tipp: Такой wird wie какой dekliniert.

Был ■ день! Я был в ■ городе. Там были ■ дома с ■ окнами! В центре города было ■ озеро с ■ водой! Я там видел ■ людей! Они были в ■ шапках! Они говорили на ■ языке, который я никогда ещё не слышал. Вдруг я услышал ■ звук, и я проснулся – в городе Екатеринбурге ...

12 Итоговое задание

Выберите задание А или Б.

А – Обмен	Б – Экскурсия
Напишите отчёт об обмене с вашей школой-партнёром.	Напишите отчёт об экскурсии с классом.
▼	▼

Tipp:
★ Ihr könnt eure Berichte auch illustrieren. Bringt dazu Fotos, Bilder, Werbematerial mit.

13 Как здорово

L 2

а) Послушайте песню.
б) Прочитайте перево́д (Übersetzung) песни на стр. 126.
Как вы думаете, когда обычно поют эту песню? Она вам нравится?
Скажите, почему.
в) Послушайте песню ещё раз и спойте её.

Как здо́рово

Изги́б гита́ры жёлтой ты обни́мешь не́жно,
Струна́ оско́лком э́ха пронзи́т туѓую высь.
Качнётся ку́пол не́ба большо́й и звёздно-сне́жный.
Как здо́рово, что все мы здесь сего́дня собрали́сь.

Как о́тблеск от зака́та, костёр меж со́сен пля́шет.
Ты что грусти́шь, бродя́га? А ну́-ка, улыбни́сь!
И кто́-то о́чень бли́зкий те́бе тихо́нько ска́жет:
«Как здо́рово, что все мы здесь сего́дня собрали́сь!»

И всё же с бо́лью в го́рле мы тех сего́дня вспо́мним,
Чьи имена́, как ра́ны, на се́рдце запекли́сь.
Мечта́ми их и пе́снями мы ка́ждый вдох напо́лним.
Как здо́рово, что все мы здесь сего́дня собрали́сь!

Повто́р 1-го купле́та.

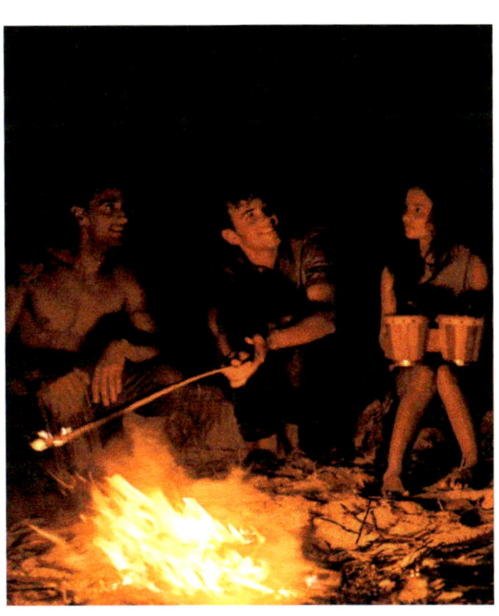

Перед чтением

а) Переведите следующие словосочетания. Объясне́ния (die Erklärungen) помогут вам.
персона́льный жето́н = карточка, по которой идентифицируют человека, она есть у каждого
счёт = на нём лежат твои деньги в банке

б) Сравните слово «космолёт» со словом «самолёт». Почему этого слова нет в словаре? Как его перевести на немецкий язык?

в) Придумайте вопросы к картинке, напишите их и спросите друг друга.

г) Скажите, о чём, по-вашему, идёт речь в рассказе. Используйте информацию из в).

д) Прочитайте текст с помощью словаря.

Мару́ся

Мару́ся – де́вочка, с кото́рой всё вре́мя случа́ются необы́чные исто́рии. Вот и сейча́с проста́я пое́здка в Москву́ ста́ла настоя́щим приключе́нием.

Мару́ся стоя́ла в це́нтре огро́много за́ла. В нём бы́ло мно́го люде́й и все спеши́ли, кто на самолёт и́ли космолёт, а кто на такси́ и́ли на по́езд. На руке́ у Мару́си был пла́стырь, «стоп-адренали́н». Э́тот пла́стырь защища́л от пани́ческих ата́к, гла́вной боле́зни XXI ве́ка. Но пла́стырь не рабо́тал. Мару́ся, наве́рное, забы́ла купи́ть во́время но́вый. Она́ начала́ чу́вствовать па́нику. Девяно́сто де́вять, девяно́сто во́семь, девяно́сто семь … На́до бы́ло сконцентри́роваться. Девяно́сто шесть, девяно́сто пять, девяно́сто четы́ре … Ата́ки случа́ются не́сколько раз в неде́лю, но всё-таки невозмо́жно к ним привы́кнуть. Девяно́сто три, девяно́сто два … В э́тот моме́нт Мару́ся уви́дела апте́ку с настоя́щим продавцо́м, а не как в после́днее вре́мя с продавцо́м-автома́том.

– Стоп-адренали́н, пожа́луйста, – сказа́ла она́. – Вот мой персона́льный жето́н.
– Извини́те, но ваш счёт заблоки́рован.
– Заблоки́рован? Не мо́жет быть!
– Вот смотри́те! За – бло – ки – ро – ван.
– Пожа́луйста, мне о́чень ну́жно …
– Вы мо́жете пойти́ в кабине́т психологи́ческой по́мощи. Там вам помо́гут.
– Мне не нужна́ по́мощь, мне ну́жен пла́стырь! Мне о́чень пло́хо, пожа́луйста …
– Кабине́т психологи́ческой по́мощи нахо́дится …

Мару́ся вы́бежала из апте́ки. Она́ не ду́мала, куда́ бежа́ть, ду́мали её но́ги. Киноза́лы, магази́ны. Да́льше! Туале́ты, бути́ки. Да́льше! Кто э́тот высо́кий челове́к, кото́рый бежи́т за ней? Чего́ он хо́чет? Что де́лать? Купи́ть биле́т в кино́ и спря́таться в за́ле? Но жето́н не рабо́тает. На́до позвони́ть! Вот коммуника́тор. Опя́ть сообще́ние: «Ваш но́мер заблоки́рован.» Мару́ся про́бовала ещё и ещё … но в отве́т слы́шала то́лько: «Ваш но́мер заблоки́рован.» Персона́льный жето́н – ва́ше всё: па́спорт, води́тельские права́, ба́нковский счёт, медици́нская ка́рта, ключи́ от до́ма … Не паникова́ть и не ду́мать! Про́сто бежа́ть! В конце́ за́ла – поезда́. Де́сять, де́вять, во́семь …
Ещё 20 ме́тров до две́ри по́езда. Шесть, пять, четы́ре, три – электрошо́к. Мару́ся лежи́т на платфо́рме.

Че́рез не́которое вре́мя Мару́ся сиди́т в небольшо́м кабине́те и смо́трит на бе́лые боти́нки инспе́ктора слу́жбы безопа́сности.
– Гумилёва Мари́я Андре́евна … Так?
– Да.
– Пятна́дцать лет?
– Четы́рнадцать.
– Цель ва́шего визи́та в Москву́?
– Я здесь живу́.
– Вы здесь живёте … – повторя́ет инспе́ктор. – А в Со́чи?
– Ба́бушка.
– А что вы там де́лали? В Со́чи?
– Отдыха́ла. Сейча́с ведь ле́тние кани́кулы.
– А почему́ вы верну́лись в Москву́?
– Хоте́ла отпра́здновать день рожде́ния с друзья́ми.

Клик. Клик. Инспе́ктор сра́внивает то, что говори́т Мару́ся, с информа́цией на компью́тере. Он ви́дит, когда́ и где Мару́ся по́льзовалась жето́ном. Наконе́ц он говори́т:
– Ваш жето́н был заблоки́рован в 10 часо́в 38 мину́т. Объясни́те, что случи́лось в э́тот моме́нт?

по мотивам книги «Маруся» Поли́ны Воло́шиной и других

а) Составьте всю информацию о Марусе и расскажите о ней.

– как её зовут
– сколько ей лет
– год рождения
– где живёт
– где и у кого отдыхала
– почему она в Москве
– её болезнь
– её проблема

б) Что вы узнали о жизни в бу́дущем (Zukunft)? Что вам в такой жизни нравится/не нравится?

в) Как, по-вашему, люди будут жить в будущем?

г) Выберите задание А или Б.

А) Допиши́те (Schreibt ... zu Ende) разговор Маруси с инспектором.
Б) На следующий день Маруся встречает подругу. Придумайте их разговор.

СМИ в на́шей жи́зни

Z Am Ende der Lektion könnt ihr über Vor- und Nachteile von Medien sprechen, über den Umgang mit Medien diskutieren und ein Resümee zu einem Lieblingsfilm/Lieblingsbuch verfassen.

22 ОКТЯБРЯ ЧЕТВЕРГ 58

ОРТ

15:00	Дог-шоу
15:40	**«Большие родители»** (документальный фильм)
17:00	**«Жди меня»** (ток-шоу)
18:00	**Вечерние новости**
18:20	**«Ты и я»** (ток-шоу)
19:10	**«Девять дней до весны»** (детектив)
20:00	**«Идиот»** (телесериал) 11-я серия
21:00	**«Время»** (новости)
21:30	**«Двенадцать стульев»** (комедия)
23:40	**Ночные новости**
00:00	**«Скажи Лео»** (триллер)

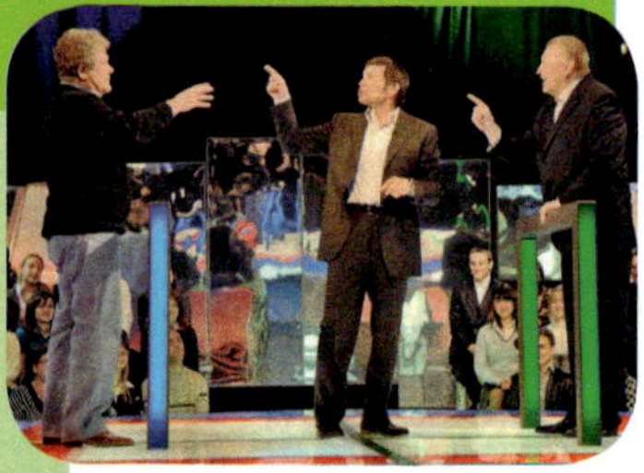

НТВ

15:00	Новости
15:20	**«Диалоги о животных»** (документальный фильм)
17:00	**«Дисней-клуб»**
17:30	**«Без комплексов»** (ток-шоу)
18:00	**«Семья Громовых»** (телесериал) 24-я серия
19:10	Специальный репортаж
20:00	Новости
20:30	**«Вор»** (драма)
22:00	Новости
22:15	**Футбольный клуб** (спортивная передача)
23:00	**«Дом-2»** (реалити-шоу)

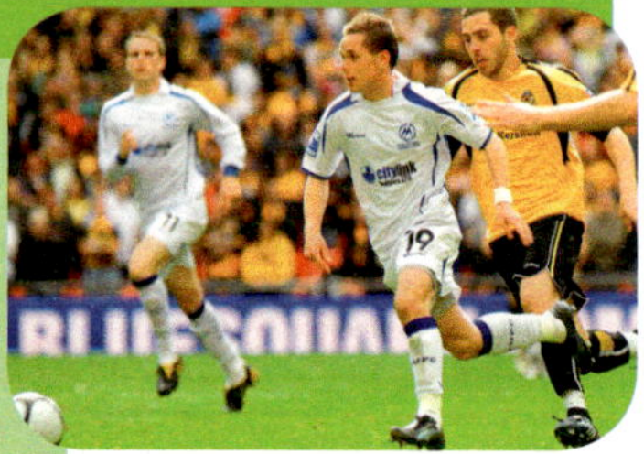

А

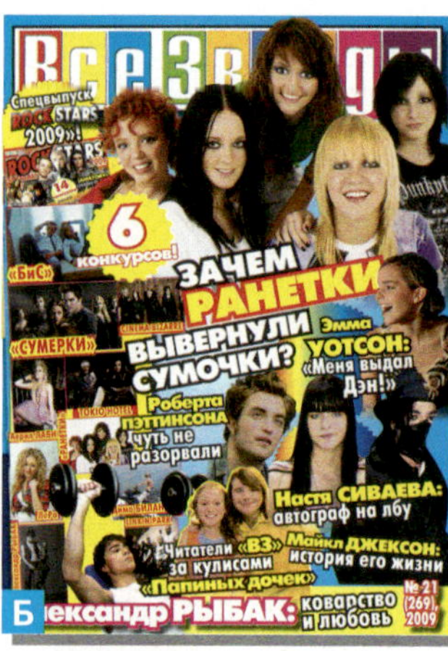

Б

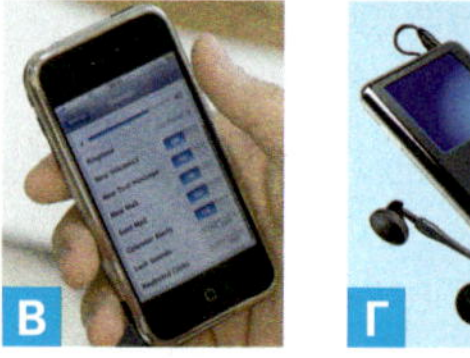

В

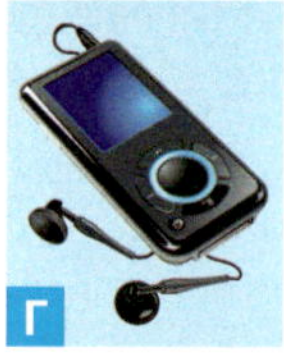

Г

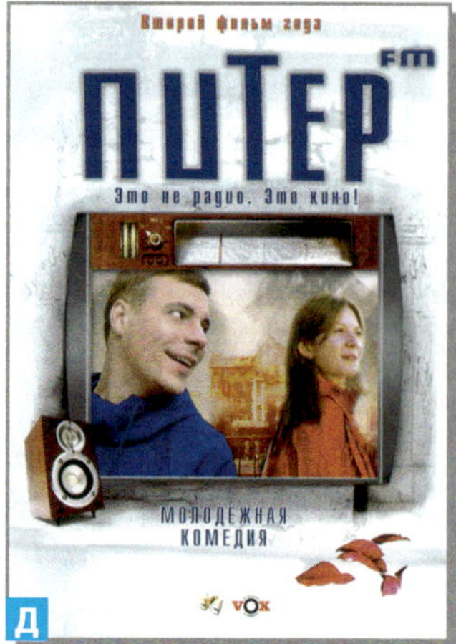

Д

1 Газета или Интернет? 1

а) Что вы видите на фотографиях? Для чего вы по́льзуетесь этими вещами?

б) Какими СМИ вы пользуетесь? Скажите, для чего и как часто вы ими пользуетесь.

газета | радио | Интернет | DVD | молодёжный журнал | iPhone | тележурна́л | MP3-плеер | телевизор

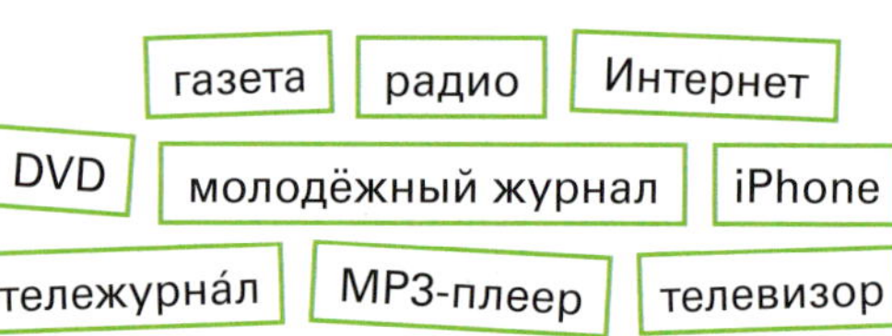

2 Телепрогра́мма 2

а) Прочитайте программу. Как называются по-русски следующие ви́ды фильмов и переда́ч: Krimi, Reality-Show, Dokumentarfilm, Drama, Komödie, Fernsehserie, Thriller, Sportsendung?

б) Найдите значение следующих слов. Вы можете использовать слова́рь (Wörterbuch).

1. фантасти́ческий фильм
2. мультфи́льм
3. худо́жественный фильм
4. ток-шо́у
5. новости

в) Какой вид фильма или передачи из б) подходит к какому предложению?
1. На этой передаче люди разговаривают на разные темы.
2. Из этой передачи мы узнаем всё о поли́тике, культуре, спорте и погоде.
3. Эти фильмы не только для детей. В них играют ненастоящие актёры.
4. Эти фильмы часто снимают по известным книгам.
5. В этих фильмах люди часто живут на других планетах.

г) Что такое – Т/с, Х/ф, М/ф, Д/ф?

3 Вот это интересно! 3

а) Скажите, какими фильмами и передачами интересуются ребята. Когда/Как часто они смотрят эти фильмы и передачи?

б) **О себе** Составьте маленькие диалоги. Спросите друг друга, какие фильмы и передачи, когда и как часто вы любите смотреть.

4 Когда идёт ...?

а) Когда можно посмотреть эти передачи?
» Новости можно посмотреть в 9 часов 5 минут./ Новости идут в 9 часов 5 минут.

б) Прочитайте телепрограмму ещё раз. Какие передачи вам нравятся? Когда они идут?

09:05	Новости
09:15	Ток-шоу «При́нцип домино́»
12:00	Т/с «Моя прекрасная няня»
18:00	Д/ф «Горы России»
20:50	Х/ф «Русская симфо́ния»

Перед чтением
Посмотрите на картинку и скажите, что вы видите на ней.

S 14–16 Наш люби́мый «друг»?!

1 Как хорошо́, что по телеви́зору есть сто́лько кана́лов и переда́ч. У́тром я люблю́ смотре́ть переда́чу «До́брое у́тро», там тако́й замеча́тельный веду́щий. А ве́чером идёт моё люби́мое ток-шо́у. Вчера́ говори́ли на те́му «Мой ребёнок – ге́ний». Э́то бы́ло так инте́ресно, что Наде́жда да́же переста́ла гото́вить. Ну, почему́ Бори́с всё вре́мя щёлкает пу́льтом? Мне так хо́чется посмотре́ть переда́чу до конца́, а он опя́ть щёлкает пу́льтом! Да, ка́жется, мой внук не ге́ний!

2 Опя́ть они́ включи́ли телеви́зор. До́ма мы смо́трим телеви́зор то́лько ве́чером, а па́па вообще́ не хо́чет, что́бы я до́лго смотре́ла телеви́зор. А здесь ма́ма Ната́ши уже́ пе́ред за́втраком включа́ет его́. Мне э́то непоня́тно. В Герма́нии мне никто́ не пове́рит, что у них здесь три телеви́зора: на ку́хне, в спа́льне и в гости́ной но́вая пла́зма! Ой, каки́е смешны́е лю́ди в э́той переда́че! И опя́ть все смею́тся. Жаль, что я так ма́ло понима́ю. Хотя́ здесь ча́сто пока́зывают програ́ммы, кото́рые иду́т и по неме́цкому телеви́дению.

3 С утра́ до ве́чера я до́лжен рабо́тать! И у меня́ да́же нет выходны́х! Мои́м колле́гам в други́х ко́мнатах то́же не лу́чше … Ага́, вот идёт люби́мая переда́ча Ната́ши, на кото́рой и́щут молоды́е тала́нты. Опя́ть э́тот па́рень со свое́й ужа́сной пе́сней «Люблю́ тебя́-а-а-а-а» … Ну, где же Анто́н? Я хочу́, что́бы он пришёл. Как с ним бы́ло интере́сно смотре́ть футбо́л! Ка́жется, он совсе́м забы́л обо мне́ и це́лый день сиди́т в Интерне́те. Ой, опя́ть Бори́с взял пульт. SOS! Я так бо́льше не могу́! Мне ну́жен о́тпуск!

1 К тексту 4

а) Прочитайте тексты и скажите, кто говорит: бабушка, собака, Кристина, Борис, Антон, Надежда Васильевна, Наташа, телевизор или Сергей Петрович? Обоснуйте ваше мнение.

б) Welche Unterschiede/Gemeinsamkeiten in den Fernsehgewohnheiten bemerkt Christina während ihres Aufenthaltes in Russland? Habt ihr ähnliche Erfahrungen bei Auslandsaufenthalten gemacht?

в) Посмотрите ещё раз на картинку. Выберите один персона́ж (Person) и скажите, что он(а), по-вашему, думает в этой ситуации.

2 Наташе хочется, а Борису нет 5

Die Geschwister streiten sich. Составьте и разыграйте диалоги. Achtet auf die korrekte Verwendung von хотеть und хочется.

★ Борис: Я хочу .../Мне ...
★ Наташа: Ты .../...? А я .../...

хотеть = wollen
(мне) хочется = ich möchte/ich würde gerne

- will Sportsendung sehen (≠ Thriller)
- möchte ins Kino gehen (≠ DVD anschauen)
- will Computer spielen (≠ E-Mail schreiben)
- will ein neues Handy (≠ MP3-Player)
- möchte die neue Zeitschrift lesen (≠ laut Musik hören)
- möchte essen (≠ trinken)

3 По следам ... § 5

а) Ihr kennt bereits чтобы in der Bedeutung „um zu". Чтобы kann auch in der Bedeutung „damit" verwendet werden. Прочитайте и сравните предложения.
Formuliert eine Regel für den Gebrauch von чтобы. Achtet dabei auf die Form des Verbs und darauf, ob die Subjekte in Haupt- und Nebensatz übereinstimmen.

Родители покупают новый компьютер, } чтобы работать на нём.
} чтобы дети могли играть на нём.

б) Составьте предложения.
1. Папа включает телевизор, чтобы бабушка смогла посмотреть любимое ток-шоу.

1. Папа: включать телевизор → бабушка: смочь посмотреть любимое ток-шоу
2. Бабушка: покупать книги → Антон: не играть всё время на компьютере
3. Мама: выключа́ть телевизор → Борис: не так часто щёлкать пультом
4. Наташа: объяснять Кристине слова → Кристина: понять фильм
5. Кристина: фотографировать три телевизора → родители: ей поверить
6. Кристина: показывать Наташе немецкий журнал → Наташа: узнать о передачах в Германии

4 По следам … §5 6, 7

а) „Dass" in Nebensätzen kann mit что und чтобы übersetzt werden.
Прочитайте и переведите предложения.
Erklärt mithilfe des Merkzettels die Verwendung der Konjunktionen.

что → **Tatsache**
чтобы + Präteritum → **Wunsch/Bitte/ Aufforderung** (nach хотеть, просить, надо)

б) Найдите в тексте А предложения со словами «что» и «чтобы». Переведите их. Erklärt den Gebrauch der Konjunktionen.

5 Новый телесериал

Составьте предложения.
» Лиза просит Таню, чтобы она показала ей статью о новом телесериале.
Таня хочет, чтобы Лиза сказала, когда идёт новый сериал.

Лиза:
– Покажи мне статью́ о новом телесериале.
– Расскажи о новом телесериале.
– Приди ко мне в 6 часов вечера.
– Не опоздай.

Таня:
– Скажи, когда идёт новый сериал.
– Посмотри этот сериал со мной.
– Напиши SMS-ку или позвони мне.
– Не забудь о встрече.

6 Не забудьте …

а) Ihr kennt die Regeln zur Imperativbildung und habt diese bei unvollendeten Verben schon angewandt. Der vollendete Imperativ wird genauso gebildet.
Erklärt die Bildung der Imperative aus Übung 5 und übersetzt sie.

б) Вы пишете e-mail, чтобы пригласить друзей на DVD–вечер. Что вы им напишете?
» Не забудьте о встрече.

не забыть о встрече | купить колу и лимонад | взять с собой тапочки | сказать друзьям, что мы их тоже ждём | принести хорошие фильмы | ответить на e-mail

7 Так говорят – Диску́ссия

! **So kannst du in einer Diskussion deine Meinung äußern und auf Argumente reagieren:**

Я счита́ю/думаю, что ...	Да, я тоже так думаю.
По-моему/По-тво́ему/По-ва́шему, ...	Это правильно/неправильно.
Мне кажется, ...	В этом ты/вы (абсолю́тно) прав(а́)/пра́вы.
Мне хочется сказать, ...	Я другого мне́ния.

Используйте эти выраже́ния (Wendungen) в заданиях 8, 9 и 10.

8 Мой компьютер

S 17 **а)** Прочитайте стихотворе́ние (Gedicht). Что думает а́втор (Autor) о компьютере?

У меня есть лучший друг,
Ко́мпом[1] все его зовут.
Он мне очень дорогой
И помо́щник[2] мне большой.

Каждый день пред[3] ним сижу,
И гулять я не хожу.
Спортом я не занимаюсь,
Компом лишь[4] я увлека́юсь.

Пусть[5] и солнце светит ярко[6],
Пусть на улице тепло.
Мне с ним очень интересно,
Мне с ним просто хорошо!

В шахматы я с ним играю,
И журналы в нём читаю.
Языки я с ним учу
И с девчонками дружу.

Песни новые скача́ю,
День и ночь я с ним играю.
Мейлы я друзьям пишу,
а теперь субботу жду.

Ведь в субботу будет праздник,
День рождения у меня.
Знаю, будет новый друг,
Ноутбу́ком его зовут.

б) Выпишите из стихотворения все аргументы «за» или «против» компьютера (таблица).

в) Дополните аргументы.

1. компьютер помогает ■ к урокам
2. им можно ■ как библиотекой
3. иногда можно ■ неправильную информацию
4. помогает ■ покупки
5. долго ■ за ним – плохо для здоровья
6. помогает ■ с друзьями

готовиться | найти | пользоваться | общаться | делать | сидеть

г) А что вы думаете? Обсудите это в классе. Используйте выражения из задания 7.

9 Мобильники на уроке

L 3 **а)** Послушайте, что думают русские ученики. Перепишите и дополните таблицу.

кто	за	против	за и против

б) Послушайте CD ещё раз и прочитайте предложения. Кто это сказал?

★ Мобильники на уроках надо выключать!
★ Без мобильника просто скучно!
★ Он для меня шпарга́лка и калькуля́тор.
★ Учителя забира́ют телефоны, и мне кажется, что в этом они не правы.
★ Я считаю, что учителя правы.

в) **О себе** Какую роль играет мобильник в вашей жизни?

г) Напишите стихи на тему «Мой мобильник». Ihr könnt euch an Übung 8 orientieren.

1 комп = компьютер – **2 помо́щник** Helfer – **3 пред** = перед – **4 лишь** nur – **5 пусть** möge – **6 я́рко** hell

10 СМИ в моей жизни

8, 9

Составьте группы и выберите одну из следующих тем. Teilt euch innerhalb der Gruppe in ein Pro- und ein Contra-Team. Stellt eure Argumente in der Klasse vor und diskutiert darüber.

- Телевизор целый день
- Я не могу жить без мобильника
- Интернет и мы
- Все должны читать газеты

11 Стратегия – Sprachmittlung vom Deutschen ins Russische

10

! Wenn ihr folgende Tipps boachtet, könnt ihr deutsche Texte und Gespräche ohne Probleme sinngemäß ins Russische übertragen.

1. Fasst zunächst den Inhalt auf Deutsch zusammen. Verwendet dabei möglichst einfache Sätze, die ihr auch mit eurem russischen Wortschatz ausdrücken könnt. Tipp: Übersetzt nicht Wort für Wort, sondern konzentriert euch nur auf die wichtigsten Informationen.
2. Fehlt euch ein passendes Wort, nutzt folgende Möglichkeiten:
   - Internationalismen (кинофильм)
   - Synonyme (по субботам = каждую субботу)
   - Antonyme (интересный ≠ скучный, включать ≠ выключать)
   - Wortumschreibungen (плазма = Это современный телевизор.)
3. Je nach Situation könnt ihr auch Mimik, Gestik und Skizzen einsetzen.

По-русски Прочитайте рекламу о кино на берегу реки Эльбы и расскажите русскому другу о ней.

18 На како́й фильм пойти́?

Мелодра́ма «Костяни́ка. Вре́мя ле́та» – э́то совреме́нная исто́рия Роме́о и Джулье́тты.

В гла́вных роля́х: О́льга Ста́рченкова и Ива́н Ваку́ленко.

Де́йствие происхо́дит ле́том на да́че недалеко́ от Москвы́. Ко́стя знако́мится с Ни́кой. Она́ о́чень симпати́чная де́вушка из бога́той семьи́. Но у неё нет ма́тери. Она́ умерла́, когда́ Ни́ке бы́ло шесть лет, и с тех пор Ни́ка о́чень больна́. Она́ не мо́жет ходи́ть. У её отца́ но́вая жена́ и для до́чери у него́ нет вре́мени, поэ́тому Ни́ка о́чень одино́ка.

Ко́стя влюбля́ется в Ни́ку и де́лает всё, что́бы она́ опя́ть могла́ ходи́ть. Он о́чень хоро́ший па́рень, он у́мный и откры́тый. И хотя́ все про́тив их любви́, у э́той исто́рии счастли́вый коне́ц.

19 Де́йствие фи́льма «Обита́емый о́стров» происхо́дит в 2157 году́. Гла́вный геро́й – Макси́м Ка́ммерер. Он краси́вый и тала́нтливый студе́нт, его́ хо́бби – неизве́стные плане́ты. Одна́жды он случа́йно нахо́дит плане́ту Сара́кш. Там всё похо́же на XX век на Земле́: во́йны, мно́го экологи́ческих и социа́льных пробле́м.

Но на Сара́кше Макси́м встреча́ет свою́ пе́рвую любо́вь Ра́ду и настоя́щего дру́га Га́я. Они́ гото́вы помо́чь жи́телям плане́ты …

В гла́вных роля́х: Васи́лий Степа́нов, Ю́лия Сниги́рь, Пётр Фёдоров.

1 Кино, кино

а) Посмотрите на билет и ответьте на вопросы.

1. Когда и где идёт фильм?
2. Сколько стоит билет?
3. Где сидит зри́тель?

б) Вы́ясните (Findet heraus), как называется этот фильм по-немецки.

2 К тексту 11, 12

а) Посмотрите на ка́дры из фильмов. Какой кадр из какого фильма? Почему вы так считаете?

б) Дополните информацию об этих фильмах. Текст Б и плакаты к фильмам вам помогут.

- название фильма
- год вы́хода фильма
- страна
- жанр
- режиссёр
- главные роли

в) Расскажите русскому другу, о чём идёт речь в этих фильмах.

г) На какой из этих фильмов вы хотите пойти? Почему?

3 Книги к фильмам

а) Прочитайте рекламу. Переведите названия жанров с помощью интернационализмов и уже известных вам русских слов.

б) Какой жанр подходит к какой книге? Первая книга – это …

L 4 ## 4 Что лучше?

а) Послушайте текст и скажите, о чём говорят ученики московской школы № 135.
б) Erstellt ein Hörraster zu folgenden Schwerpunkten:
Кто из ребят за книгу, а кто за фильм? Какие у них аргументы?
в) Послушайте текст ещё два раза. Füllt das Hörraster aus.
г) Вы согласны с аргументами учеников? Обоснуйте ваше мнение.
д) Führt auch in eurer Klasse eine Umfrage zu diesem Thema durch.
Notiert die Meinungen eurer Mitschüler und präsentiert die Umfrageergebnisse in der Klasse.

5 По следам … § 6

а) Neben den deklinierbaren Langformen der Adjektive gibt es auch nicht deklinierbare Kurzformen.
Sie stimmen mit dem Subjekt des Satzes in Genus und Numerus überein. Formuliert mithilfe der Tabelle eine Regel zur Bildung der Kurzformen.

Achtung bei **maskulinen** Kurzformen:
Bei Konsonantenhäufung im Stamm muss **-о-** , **-е-** (-ё-) heran!
коро́**тк**ий → ко́рото**к**
бо**льн**о́й → бо́л**е**н

	m.	n.	f.	Pl.
Langform	красивый	красивое	красивая	красивые
Kurzform	красив	красиво	красива	красивы

б) Notiert alle Kurzformen der folgenden Adjektive:
известный, одинокий, готовый, умный, больной, непонятный, короткий, богатый, симпатичный, талантливый, хороший, длинный.
L 5 **в)** Hört die CD an und setzt die Betonungszeichen auf die Kurzformen aus б).
Послушайте CD ещё раз и повторите.

6 Красивый или красив? § 6

а) Прочитайте предложения. Vergleicht den Gebrauch der Lang- und Kurzformen.

Это красивая актриса.
Эта актриса красивая.
Эта актриса красива.

б) Für den Gebrauch der Kurzformen gibt es weitere Regeln. Ordnet die Beispielsätze zu.

1. zeitlich begrenztes Merkmal
2. Übermaß einer Eigenschaft (deutsch = „zu …“)
3. nach это/всё als Subjekt
4. von der Kurzform hängt ein weiteres Satzglied ab

а) Юбка актрисе коротка.
б) Это очень важно.
в) Мы готовы идти в кино.
г) Сегодня новости особенно интересны.

в) Sucht in Text Б alle Sätze mit Kurzformen und begründet ihre Verwendung.

7 Красная юбка Наташе коротка! 13

Наташа готовится к роли в фильме. Сегодня она должна выбрать костюмы. Посмотрите на картинки и скажите, какие у неё проблемы. Bildet Sätze mit passenden Kurzformen.

Prägt euch diese Kurzformen gut ein:
маленький → мал, мала́, мало́, малы́
большой → вели́к, велика́, велико́, велики́

1 длинный/короткий

2 большой/маленький

3 маленький/большой

4 короткий/длинный

8 Зрители о фильмах 14, 15

Дополните мнения зрителей. Lang- oder Kurzform? Setzt die Adjektive in der vorgegebenen Reihenfolge ein.

Карина: 18:55
Несколько раз смотрела фильм «Костяника». Фильм очень ■, в нём играют ■ актёры! В роли Ники Ольга Старченкова особенно ■. Кстати, она очень ■ на мою сестру. После фильма я прочитала и книгу. Тамара Крюкова – ■ автор!
(интересный, замечательный, талантливый, похожий, классный)

Егор: 22:32
Вообще новый Джеймс Бонд ■ фильм. Но иногда он мне просто ■. Жаль! Мне очень нравится Джеймс Бонд — он всегда ■ помочь красивым женщинам, а ещё у него всегда ■ машины! В этом фильме его машина особенно ■!
(неплохой, непонятный, готовый, необычный (2x))

Вера: 20:48
В прошлом году я долго болела. В это время я была очень ■. Фильм «Питер ФМ» помог мне. Теперь я опять ■, опять хожу в школу, встретила свою любовь, и «Питер ФМ» мой ■ фильм.
(одинокий, счастливый, любимый)

Лара: 14:12
Мне фильм не очень понравился (Стругацкие – не мои авторы). ■ и ■ фильм! Но на Василия Степанова можно смотреть без конца … Он всегда очень ■, но, по-моему, в роли Максима Каммерера он особенно ■!
(тёмный, скучный, красивый (2x))

9 Стратегия – Den Inhalt eines Buches/Filmes zusammenfassen

!

1. Beginnt mit kurzen Angaben zum Buch/Film (Titel, Autor/Regisseur, Erscheinungsjahr, Genre …).
2. Fasst dann den Inhalt des Werkes zusammen:
   - Formuliert das Thema des Buches/Filmes.
   - Nennt die Hauptpersonen sowie Ort und Zeit der Handlung.
   - Gebt die wesentliche Handlung wieder. Geht dabei auf bestehende Probleme/ Konflikte ein. Ihr könnt deren Lösung auch offen lassen, um die Spannung zu erhalten.
   - Schreibt in der 3. Person Präsens und verwendet keine direkte Rede.

Используйте эту стратегию в задании 11.

10 Так говорят – Ein Resümee verfassen

!

название/автор/режиссёр Фильм/Книга называется … Автор книги/Режиссёр фильма – … Он(а) (известный …) (русский …) писа́тель/писа́тельница. Он(а) (популярный …) (немецкий …) режиссёр.	**тема** Книга/Фильм рассказывает о … Это книга/фильм о …
год выхода Фильм вы́шел/Книга вы́шла в … году.	**герои** Главный герой/Главная героиня книги/фильма – …
жанр Это рассказ/роман/ … Это фантастический фильм/детектив/ … … – это фильм по (роману/ …).	**место/время действия** Действие происходит … (когда? где?)

Используйте эти выражения в задании 11.

11 Итоговое задание

Выберите задание А или Б.

А – Книга, которая мне понравилась	Б – Фильм, который сто́ит посмотреть
Präsentiert in der Klasse ein Buch, das ihr gelesen habt. Nutzt dafür die Hinweise in Übung 9 und 10. Beendet eure Vorstellung mit einer kurzen Meinungsäußerung zum Inhalt des Buches. Begründet, warum euch das Buch gefallen hat. Verwendet zur Veranschaulichung Illustrationen, Fotos und andere Materialien.	Stellt der Klasse einen Film vor, der euch gefallen hat. Die Hinweise in Übung 9 und 10 helfen euch dabei. Äußert abschließend kurz eure Meinung zum Inhalt des Filmes. Begründet, warum ihr den Film weiterempfehlen würdet. Nutzt auch Poster, Fotos, Filmausschnitte und andere Materialien.

1 О книгах ▸ Substantive

Прочитайте высказывания и дополните окончания.

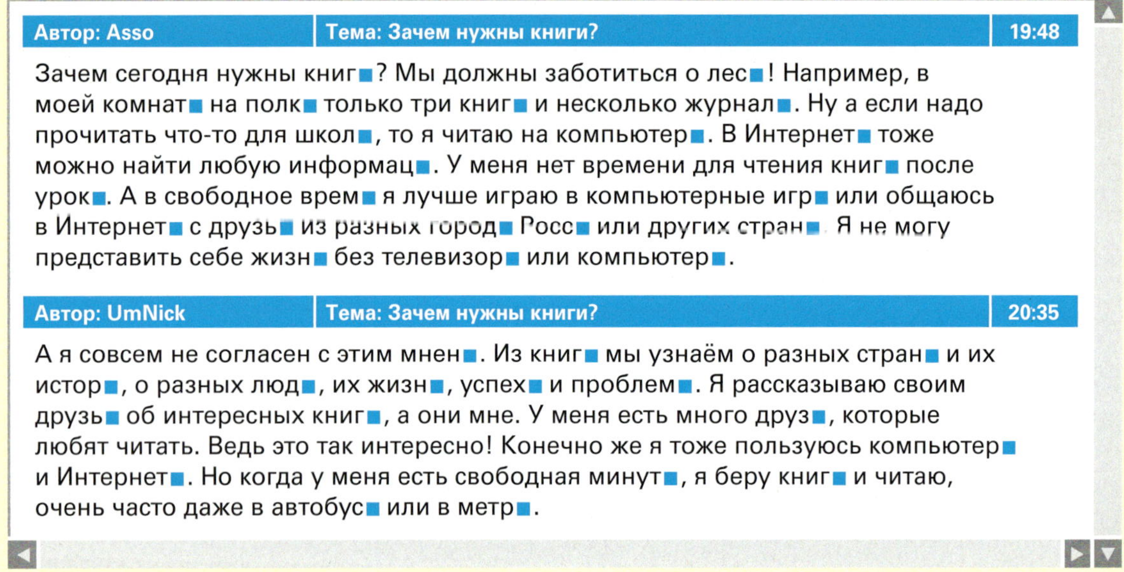

Автор: Asso	Тема: Зачем нужны книги?	19:48

Зачем сегодня нужны книг■? Мы должны заботиться о лес■! Например, в моей комнат■ на полк■ только три книг■ и несколько журнал■. Ну а если надо прочитать что-то для школ■, то я читаю на компьютер■. В Интернет■ тоже можно найти любую информац■. У меня нет времени для чтения книг■ после урок■. А в свободное врем■ я лучше играю в компьютерные игр■ или общаюсь в Интернет■ с друзь■ из разных город■ Росс■ или других стран■. Я не могу представить себе жизн■ без телевизор■ или компьютер■.

Автор: UmNick	Тема: Зачем нужны книги?	20:35

А я совсем не согласен с этим мнен■. Из книг■ мы узнаём о разных стран■ и их истор■, о разных люд■, их жизн■, успех■ и проблем■. Я рассказываю своим друзь■ об интересных книг■, а они мне. У меня есть много друз■, которые любят читать. Ведь это так интересно! Конечно же я тоже пользуюсь компьютер■ и Интернет■. Но когда у меня есть свободная минут■, я беру книг■ и читаю, очень часто даже в автобус■ или в метр■.

2 Друг Тани ▸ Adjektive

Прочитайте текст и вставьте слова в нужной форме.

Таня дружит с **(весёлый)** и **(симпатичный)** парнем Олегом. Он **(средний)** роста, **(спортивный)**, у него **(голубой)** глаза и **(длинный светлый)** волосы. Олег, может быть, носит не **(самый модный)** одежду, но Тане нравится его **(необычный)** стиль. Олег активно занимается **(зимний)** видами спорта, а летом ездит на **(свой быстрый)** скейтборде. Он очень любит **(современный)** музыку и даже играет и поёт в **(школьный музыкальный)** группе. К сожалению, у Олега в школе проблемы с **(иностранный)** языками. Таня помогает **(свой лучший)** другу с **(английский)** языком. А в **(свободный)** время они вместе отдыхают в **(московский)** кафе и дискотеках или ходят на **(интересный)** фильмы.

3 Нет, это не так! ▸ Verneinung

а) Verneint die folgenden Aussagen. ➤ 1. Нет, это …

1. Да, это Кристина.
2. Да, она говорит по-русски.
3. Да, она знает это слово по-русски.
4. Да, она умеет читать и писать по-русски.
5. Да, у Кристины есть младший брат.
6. Да, в её комнате есть телевизор.
7. Да, Кристина дружит с Наташей.
8. Да, она знает всё о новой музыке.

б) Ответьте на вопросы. Verwendet Negativpronomen.

1. Кто у вас в гостях?
2. У кого вы были сегодня вечером?
3. С кем вы разговаривали об этом?
4. Кому вы уже звонили?
5. Что вы ему рассказали?
6. О чём спрашивала Наташа?

4 Мухи в доме Бабы-Яги ▸ Präpositionen des Ortes

а) Скажите, где находятся мухи в доме Бабы-Яги.

б) Сколько мух вы нашли?

5 Шутки ▸ Verben der Fortbewegung ohne Präfix

Прочитайте шутки. Erklärt den Gebrauch der Verben der Fortbewegung.

а) Тётя Соня идёт в магазин и встречает по дороге соседку.
– Тётя Соня! Зачем ваш Костя ходит в музыкальную школу? У него же нет слу́ха[1]!
– Вы ничего не понимаете! Костя ходит туда не слушать! Костя ходит туда играть!

б) В ресторане.
– Официант! В моей тарелке плавает муха!
– Не может быть! Мухи не умеют плавать.

в) Милиционер останавливает машину, которая едет очень быстро.
В машине сидит молодая женщина.
– Вы ехали намного быстрее, чем можно!
– Извините, пожалуйста, я очень плохо езжу на машине!
Я ездила к подруге и теперь еду быстрее домой, чтобы никого не задави́ть[2].

6 Когда приедут гости? ▸ Verben der Fortbewegung mit Präfix

Составьте диалоги.

≫ гости – приезжать/приехать в мае:
★ Ваши гости уже приехали?
★ Нет, они приедут только в мае.
★ Они всегда приезжают в мае?
★ Да, они обычно приезжают в мае.

а) ваши соседи – уезжать/уехать в конце недели
б) твои друзья – приходить/прийти вечером
в) твой папа – уходить/уйти на работу в 9 часов
г) учитель – входить/войти в класс после звонка
д) самолёт в Омск – вылетать/вылететь в 12 часов
е) Лена – выходить/выйти из автобуса на улице Мира

---

1 слух musikalisches Gehör – **2 задавить** überfahren

Пла́ны на бу́дущее

Z Am Ende der Lektion könnt ihr über Ferienjobs sowie eure Berufs- und Zukunftswünsche sprechen. Ihr stellt eine berühmte Person anhand eines Schaubilds vor oder berichtet über einen Tag in eurem zukünftigen Leben.

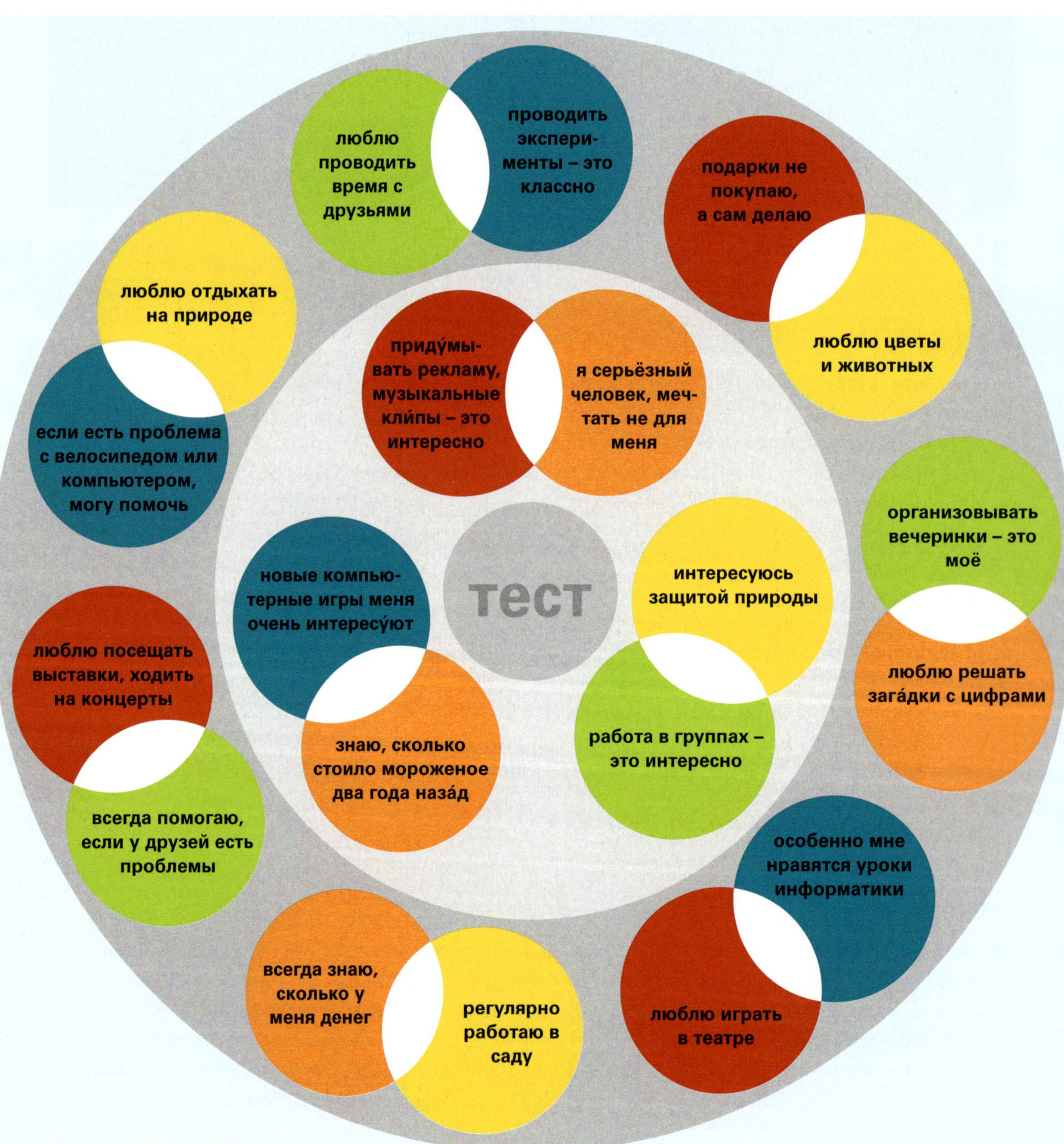

1 Какую профессию вы́брать?

а) Выбрать профессию – это сложно. Этот тест может в этом вам помочь. Wählt in jedem Doppelkreis die Aussage, die besser zu euch passt, und notiert die jeweilige Farbe.

б) Welche Farbe kommt bei euren Antworten am häufigsten vor? Результаты теста вы найдёте на стр. 38.

в) Вы согласны с результатами теста? Скажите, почему да/нет.

2 Профессии

1, 2

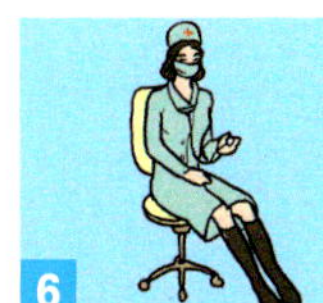

ветерина́р | медбра́т/медсестра́ | перево́дчик/перево́дчица | стю́ард/стюарде́сса | программи́ст | гео́лог | пило́т

а) Профессии на картинках вы уже знаете. Назови́те (Nennt) их.

б) Скажите, какие профессии вы видите на фотографиях.

в) Выберите 5 профессий. Скажите, что для людей этих профессий важно.

Пилот должен любить …

летать | помогать людям | природа | иностранные языки | работать на компьютере | животные | …

г) Как вы думаете, какая из этих профессий самая (не)интересная? Почему?

3 Рейтинг 10 Б §7 3, 4

Результаты рейтинга нашего класса:

Самые популярные профессии:	Самые популярные работы на каникулах:
1. ме́неджер	1. промо́утер
2. журналист	2. курьер
3. психо́лог	3. официант / официантка
4. юри́ст	4. разно́счик / разно́счица газе́т
5. программист	5. продавец / продавщица

а) Прочитайте и переведите рейтинг.

б) Кем хотят стать ребята этого класса? Кем они хотят работать во время летних каникул?

в) Напишите свой рейтинг профессий и работ на каникулах.

г) Предста́вьте (Präsentiert) ваши результаты в классе. Объясните, почему эти профессии/работы на каникулах вас интересуют.

Я хочу работать моде́лью, стать богатой и, конечно, быть известной!

Nach стать/работать/быть steht der Instrumental.

4 Мечты́ ребят

Как вы думаете, о какой профессии мечтают Настя, Женя, Сардаана и Витя? Прочитайте текст на стр. 39 и узнайте, что думают ребята.

Год назад Настя, Витя, Женя и Сардаана участвовали в конкурсе «Музыкальная молодёжь». А сегодня эти ребята у нас в программе! Мы хотим спросить их, какие у них планы на будущее …

Результаты теста

зелёный цвет: Ты любишь проводить время с другими людьми, помогать им. Ты можешь и профессионально работать с людьми. Врач, психолог, журналист, учитель – твои профессии.

голубой цвет: Твой мир – это мир те́хники. Ты не только любишь, но и умеешь придумывать новые игры, новую технику. Ты идеальный программист или пилот.

красный цвет: Ты креативный человек. Ты любишь выступать на сцене, любишь придумывать новые вещи. Мир твоих профессий – это актёр, дизайнер, музыкант.

жёлтый цвет: Тебя интересует жизнь на нашей планете. Ты очень любишь природу. Ты будешь отличным ветеринаром, геологом, а может и учителем биологии.

ора́нжевый цвет: Ты реали́ст. Ты знаешь, как работать с деньгами, как организовать работу фирмы. Твои профессии – бизнесме́н, менеджер, юрист.

9 Как можно быстрее

Придумайте сове́ты (Ratschläge).
Ваш партнёр должен сказать, кто кому даёт совет.

★ Ребята, плавайте как можно быстрее!
★ Это говорит учитель ученикам.

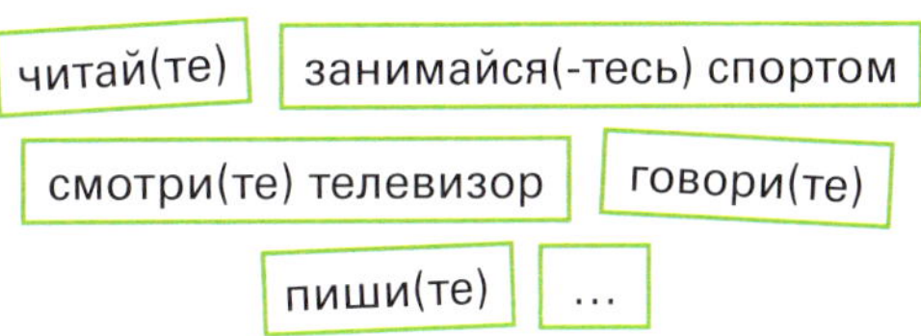

10 Звуки

S 28 **а)** Послушайте CD. Formuliert eine Regel für die Aussprache von **-т(ь)ся**.
интересоваться, **он интересуется**, **они интересуются** – **увлекаться**, **она увлекается**, **они увлекаются** – **учиться**, **он учится**, **они учатся**

б) Послушайте CD ещё раз и повторите.

S 29 **в)** Послушайте и повторите посло́вицы (Sprichwörter).
Findet ihr die deutsche Entsprechung? (→ S. 127)

В ти́хом о́муте че́рти во́дятся.

Как ау́кнется, так и откли́кнется.

11 Работа на каникулах

а) Перед аудированием. Прочитайте и переведите слова.
вруча́ть рекла́мку = давать в руки флаер/проспект
ремо́нтная брига́да = группа людей, которая ремонтирует, например, школу
зака́з = то, что люди заказывают, например, в Интернете
развози́ть зака́зы = ездить с заказами в разные места и вручать их клиентам

L 7 **б)** Послушайте CD два раза. Перепишите и дополните таблицу (Spalte 1–4).

Кто?	Кем работает?/ Что делает?	Где работает?	Сколько зарабатывает?	плюсы/минусы
1.				

в) Послушайте CD ещё раз и напишите плюсы и минусы работ.

г) **О себе** Какие из этих работ вам нравятся/не нравятся? Объясните, почему.

12 Рома

L 8 **а)** Послушайте песню (→ стр. 127). Вам эта песня нравится? Скажите, почему да/нет.

б) Как вы думаете, кто парень и девушка по профессии?

13 Стихи о профессиях

11

а) Прочитайте стихи.

✻ б) Напишите стихи о других профессиях.
Geht nach dem Aufbau des Mustergedichts vor.
Legt euer Gedicht im Portfolio-Ordner ab.

Гид.
Умный, весёлый.
Показывает, объясняет, рассказывает.
Туристы всё понимают.
И наконец много знают.

14 По-русски

Die Linde e.V.
Bildungsverein für Volkskunde in Deutschland

Was möchte der Verein?

Wir beschäftigen uns mit anderen Kulturen, vor allem mit dem Leben der Russlanddeutschen.
An welchen Projekten arbeiten wir?
– Eines unserer Hauptprojekte ist die Geschichte der Russlanddeutschen.
– Es gibt verschiedene Projekte zur Geschichte der Stadt Berlin.
– Wir bieten auch Projekte für Kinder an (z. B. Kulturen der Welt für Kinder entdeckt).

Warum ein Projekt über Russlanddeutsche?

Seit 1980 sind ca. 2 Millionen Menschen aus Russland nach Deutschland gekommen, und doch wissen die meisten Deutschen kaum etwas über das Leben der Russlanddeutschen. Und hier setzt die Arbeit unseres Vereins ein. Wir möchten über das Schicksal, die Geschichte und die Kultur der Russlanddeutschen informieren.

а) Расскажите русскому другу, чем занимается организáция „Die Linde“.

б) Ответьте на вопросы с помощью Интернета.
1. Почему организация называется „Die Linde“?
2. Какие у этой организации есть публикáции о русских немцах? Где их можно купить?

в) Кто из ребят из текста А, по-вашему, интересуется этой информацией? Почему?

15 Так говорят – Кем стать?

Мечта	**Плюсы и минусы**
– Я хочу/мечтаю стать *(+ Instr.)*/ заниматься *(+ Instr.)* … – Я пока не знаю, кем хочу стать/работать/быть.	– Плюсы этой профессии – это … – Но есть и минусы: … – Во-первых, …, во-вторых, …, в-трéтьих, …
Важно/не важно	**Характер/интересы/талант**
– Самое главное для меня – это … – … играет большую роль в моей жизни. – … не играет большой/никакой роли в моей жизни.	– Меня интересует … – Я (особенно) интересуюсь/увлекаюсь *(+ Instr.)* … – Я умею работать самостоятельно/…

О себе Напишите сочинение на тему «Кем я хочу стать».

Важне́е всего́ – ве́рить в себя́!

автор: Тигрррр95	те́ма: по́мощь!	11.04.2012	19:48

30 ◎

Приве́т, мне 16 лет, я живу́ в дере́вне Хохло́во недалеко́ от Смоле́нска. У меня́ есть одна́ больша́я пробле́ма. Я о́чень ма́ленького ро́ста – 160 сантиме́тров. Де́вочки из моего́ кла́сса меня́ игнори́руют. Но ху́же всего́, что ребя́та надо мно́й смею́тся. Я бо́льше всех в кла́ссе занима́юсь спо́ртом, осо́бенно мне нра́вится велоспо́рт, но и э́то не помога́ет! Мо́жет быть, вы мо́жете мне помо́чь?

автор: Гро́мов	отве́ты	12.04.2012	09:23

31 ◎

Приве́т, Тигрррр95!
Ты ду́маешь, что рост важне́е всего́ в жи́зни? Ты ду́маешь, что́бы име́ть успе́х на́до быть высо́кого ро́ста? Из исто́рии ты зна́ешь, наве́рное, вели́ких люде́й, кото́рые бы́ли ма́ленького ро́ста: Ю́лий Це́зарь, Наполео́н, Ча́рли Ча́плин. И, коне́чно, Ю́рий Гага́рин, пе́рвый челове́к, кото́рый полете́л в ко́смос.
А ты зна́ешь, что его́ рост был то́лько 165 см? И́ли, что он, как и ты, роди́лся в ма́ленькой дере́вне, в крестья́нской семье́?
В то вре́мя почти́ все ма́льчики увлека́лись те́хникой и не́бом. Гага́рин был одни́м из них. Он реши́л сде́лать из своего́ хо́бби профе́ссию и ста́ть летчиком. А че́рез не́сколько лет он был уже́ в гру́ппе космона́втов. А зна́ешь, как ему́ э́то удало́сь? Его́ рост помо́г ему́, потому́ что в то вре́мя косми́ческие корабли́ бы́ли о́чень ма́ленькие.
Пе́ред ста́ртом 12 апре́ля 1961 го́да Гага́рин про́сто сказа́л «Пое́хали!», и уже́ че́рез 108 мину́т он стал леге́ндой. «Полёт прохо́дит норма́льно, чу́вствую себя́ хорошо́ …» – э́то бы́ли пе́рвые слова́ челове́ка из ко́смоса. Он стал геро́ем Сове́тского Сою́за и мно́го е́здил по стране́ и за грани́цу.
Гага́рин поги́б в авиацио́нной катастро́фе недалеко́ от Москвы́. До сих по́р никто́ не зна́ет, как э́то случи́лось. Одни́ говоря́т, что его́ уби́ли. Други́е счита́ют, что он сам инсцени́ровал свою́ смерть. А мо́жет быть, про́сто была́ пробле́ма с те́хникой. Наве́рное, мы никогда́ не узна́ем пра́вды …
Вот ви́дишь, и с ро́стом 165 см мо́жно быть геро́ем. Но э́то не зна́чит, что ты до́лжен стать космона́втом. Гла́вное – ве́рить в себя́! Ты говори́шь, что увлека́ешься велоспо́ртом. Жела́ю тебе́ успе́хов, и мо́жет быть, мы ещё услы́шим твоё и́мя на Олимпи́йских и́грах. ☺
Оле́г Гро́мов

1 Стратегия – Texte gliedern und in einem Schaubild zusammenfassen 12, 13

! Schaubilder helfen euch, Informationen und Texte (z. B. für ein Referat) übersichtlich darzustellen. Geht so vor:

1. Lest den Text und macht euch den Hauptinhalt klar.
2. Gliedert den Text, z. B. mithilfe von Zwischenüberschriften.
3. Notiert zu jedem Abschnitt kurze Stichpunkte (Schlüsselbegriffe). Beschränkt euch dabei auf wenige wichtige Begriffe.
4. Stellt eure Ergebnisse in einem passenden Schaubild (Raster, Mindmap, Tabelle, …) zusammen. Ihr könnt auch Pfeile, Dreiecke und andere Symbole verwenden.

Tipp: Schaubilder sind auch eine gute Merkhilfe als Vorbereitung für Tests und Klassenarbeiten.

а) Erstellt für Text Б ein passendes Schaubild.
б) Präsentiert eure Ergebnisse in der Klasse und vergleicht die Schaubilder. Welches illustriert den Text am besten?

2 Первый человек в космосе

а) Перепишите биографию Гагарина. Дополните её фактами из текста Б.
L 9 **б)** Послушайте CD. Что вы узнали нового из жизни первого космонавта? Дополните биографию.
* **в)** Напишите свою биографию. Verwendet die für euch zutreffenden Gliederungspunkte und legt euren Lebenslauf im Portfolio-Ordner ab.

Биогра́фия

фамилия, имя, отчество:
день и место рождения:
родители:
семья:
хобби:
школа:
профессия:
карьера:

3 Ваше мнение

Настоящее имя Тигрррра95 – Дима. Ответьте на вопросы.

1. Какая проблема у Димы? Как вы думаете, у немецких учеников есть похожие проблемы? Назовите их.
2. Как вы понимаете совет Олега Громова, что Дима должен верить в себя?
3. Говорить о своих проблемах в Интернете – хорошо или плохо? Что вы об этом думаете?

4 По следам … § 10

Superlativ mit всех/всего = einfacher Komparativ + всех/всего

Adverbien bilden den Superlativ immer mit всех/всего.

а) Neben dem Superlativ mit самый gibt es noch den Superlativ mit всех/всего. Diese Superlativform wird nur prädikativ gebraucht. Прочитайте и переведите предложения. Выясните, когда используют «всех», а когда «всего».

Этот космонавт моложе **всех**. ⟷ Это важнее **всего**.
Дима спортивнее **всех** в классе.

б) Скажите это по-другóму (anders). Verwendet den Superlativ mit всех.

1. Чарли Чаплин – самый смешной актёр.
2. Этот космонавт – самый старый.
3. «Мисс мира» – самая красивая женщина.
4. Профессия врача – самая важная.
5. Аршавин – самый известный футболист.
6. Эти книги – самые интересные.

5 Вундеркúнд 14, 15

а) Скажите, что вундеркинд умеет делать лучше всех. Verwendet den Superlativ der folgenden Adverbien:
быстро, дисциплинированно, интересно, красиво, креативно, много, самостоятельно, талантливо, хорошо
» Вундеркинд больше всех читает.

думать | читать | учить грамматику | писать стихи | рассказывать | говорить на разных языках | решать задания | рисовать | играть на скрипке

б) Расскажите об одноклассниках. Скажите, кто что умеет делать лучше всех.
» Веселее всех рассказывает Тина.

в) **О себе** Sagt, was für euch im Leben am wichtigsten, am leichtesten und am schwierigsten ist.

6 Итоговое задание

Выберите задание А или Б.

А – Из жизни героя	Б – Один день из моей жизни в 2050 году
Stellt anhand eines Schaubildes das Leben einer bekannten Person vor. Zeigt Besonderheiten ihres Lebens auf und erklärt, was eurer Meinung nach die Vor- und Nachteile eines solchen Lebens/Berufes sind.	Beschreibt einen Phantasie-Tag im Jahr 2050. Schreibt über euren Tagesablauf, euren Beruf, über Familie und Freunde.

Подготовка к ТРКИ

1 Во время обмена ▸ аудирование

L 10 **Часть 1.** Послушайте сообщения два раза и найдите правильные ответы.

1. В субботу будет
   а) концерт.
   б) экзамен.
   в) экскурсия.

2. Ребята встретятся
   а) утром.
   б) после обеда.
   в) вечером.

3. Учеников приглашают на
   а) практику.
   б) выставку.
   в) работу над проектом.

4. Репетиция будет
   а) в четверг.
   б) в пятницу.
   в) в понедельник.

5. Где нашли гитару?
   а) В библиотеке.
   б) На первом этаже.
   в) В актовом зале.

L 11 **Часть 2.** Послушайте диалоги два раза и скажите, где проходят эти разговоры.

6. Разговор проходит
   а) в школе.
   б) в универмаге.
   в) в трамвае.

7. Разговор проходит
   а) в кафе.
   б) в театре.
   в) в кино.

8. Разговор проходит
   а) в школе.
   б) на улице.
   в) в музее.

L 12 **Часть 3.** Послушайте сообщение два раза и найдите правильные ответы.

9. Сегодня вечером ребята
   а) идут в театр.
   б) едут на Красную площадь.
   в) отдыхают.

10. Завтра они
   а) знакомятся с центром столицы.
   б) идут в Мавзолей Ленина.
   в) смотрят фильм.

11. Вечером они будут смотреть
   а) футбол.
   б) фильм.
   в) балет.

12. В воскресенье ребята поедут
   а) в Тулу.
   б) в Суздаль.
   в) в Калугу.

2 Место, где мы живём ▸ говорение

Ваши русские друзья попросили вас рассказать о родном городе (родной деревне). Подготовьте сообщение (Vortrag) на эту тему (минимум 12–15 предложений). Данные (gegebenen) вопросы помогут вам.

– Где вы родились?
– Где вы живёте сейчас?
– Где расположен ваш город/расположена ваша деревня?
– Ваш город/ваша деревня большой/-ая или маленький/-ая? Старый/-ая или новый/-ая?
– Какие достопримечательности там есть?
– Какой транспорт есть в нём/в ней?
– Где и как люди в нём/в ней отдыхают?
– У вас там есть любимое место? Если да, почему оно вам нравится?
– Вам нравится ваш город/ваша деревня? Почему?
– Где вы хотите жить в будущем?

3 Кем быть? ▸ чтение

Прочитайте сочинение Оксаны и выберите правильный вариант ответа. Во время выполнения (Durchführung) теста можно пользоваться русско-немецким словарём.

Проблема выбора профессии стоит, по-моему, на первом месте среди вопросов, которые волнуют молодёжь. Каждому важно выбрать для себя дело, которым он должен заниматься почти всю свою жизнь. Конечно, среди нас есть и такие, которые уже с детства знают, кем они будут. Однако, таких счастливых людей очень мало. Одним очень нравится определённый предмет, который они хотят связать с будущей профессией. Другие занимаются в свободное время своим любимым делом: посещают музыкальную школу, художественную или театральную студии. Эти ребята часто мечтают сделать любимое хобби своей профессией. Но есть среди моих одноклассников и такие, которые совсем не знают, какую им выбрать профессию, куда пойти учиться после школы.
Я тоже долгое время не знала, кем стать. На моём последнем дне рождения мой дядн спросил меня, кем я хочу быть. Тогда я ещё не решила. Я не знала, что ответить, и это мне было очень неприятно. «Тебе уже пора подумать о своём будущем», – сказала моя тётя.
И тут началось! Каждый хотел что-то посоветовать. Для папы главное – хорошая зарплата. По мнению бабушки, профессия должна быть призванием. Если работа не нравится, то и работать не хочется. Дядя сказал, что для правильного выбора очень важны интересы и характер человека. Активному и творческому человеку трудно будет работать бухгалтером. Дискуссия продолжалась целый вечер.
Потом я много думала над этим вопросом. Кем же в конце концов стать? Менеджером? Программистом? Банкиром? Инженером? Переводчицей?... Я рассмотрела плюсы и минусы всех профессий, которыми я интересовалась. И сделала свой выбор: я стану юристом. Я считаю, что каждый человек имеет право на защиту, и я хочу помогать людям защищать свои интересы. Для этого надо хорошо знать все законы. Это, конечно, трудно, но такая работа, я думаю, мне понравится.

Оксана Краснопольская, 16 лет

1. Оксана считает, что выбор профессии
   а) не очень волнует молодёжь.
   б) это самое важное для молодёжи.
   в) это вопрос, которым нужно заниматься всю жизнь.

2. Некоторые молодые люди считают, что
   а) хобби и профессия – разные вещи.
   б) можно сделать любимое дело профессией.
   в) лучше заниматься своим хобби, чем искать интересную работу.

3. Среди одноклассников Оксаны
   а) есть ребята, которые не знают, какую профессию им выбрать.
   б) почти все знают, что они будут делать.
   в) многие ходят в музыкальную школу.

4. «Профессия должна нравиться человеку». Так думает
   а) папа Оксаны.
   б) дядя Оксаны.
   в) бабушка Оксаны.

5. Оксана выбрала профессию
   а) менеджера.
   б) перводчицы.
   в) юриста.

6. Она выбрала эту профессию, потому что
   а) она хочет защищать интересы людей.
   б) уже хорошо знает все законы.
   в) ей важна хорошая зарплата.

Из про́шлого в бу́дущее

Z Am Ende der Lektion könnt ihr über wichtige Ereignisse der russischen Geschichte sprechen, offizielle Schreiben verfassen und eine Präsentation zu einem historischen Thema erstellen.
Ihr lernt, Gefühle auszudrücken, und verfasst ein fiktives Interview mit Katharina II.

а) Познако́мьтесь с эта́пами русской истории и прочитайте тексты. Erschließt den Inhalt mithilfe der Bilder und der Wortliste (S. 91). 1, 2

б) Какой текст подходит к какому этапу? Скажите, о ком или о каком собы́тии идёт речь и когда это произошло.
» В тексте № 1 речь идёт о … / Это событие …

1 Ле́нин и большевики́ пришли к вла́сти. Это событие произошло в октябре.

2 В XIII–XV веках Русь находилась под властью монго́ло-тата́р.

3 В XIX веке русские офице́ры организовали в Санкт-Петербурге восстание против царя. Это произошло в декабре.

IX–XIII века	1237–1480	XIV–XV века	1547–1584	1698–1725	1762–1796	1812	1825
Ки́евская Русь – первое русское госуда́рство	Монго́ло-тата́рское и́го	Основа́ние Моско́вского государства	Ива́н Гро́зный – первый русский царь	Пётр I прово́дит важные рефо́рмы	Эпо́ха Екатери́ны II	Оте́чественная война с Наполео́ном	Восста́ние декабри́стов

4

Ɪри этом царе крестья́не в России стали свободными. В других странах Европы крепостного права давно уже не было.

5

Бори́с Е́льцин был первым президентом Российской Федерации. Это было время больших реформ.

6

Эта война против французской а́рмии кончилась побе́дой России.

7

Эта война между Германией и Советским Союзом продолжа́лась 4 года. Она кончилась 9-го мая. Этот день в России называется «День победы».

8

Миха́ил Горбачёв был первым и последним президентом СССР. С помощью перестройки он хотел реформи́ровать советскую систему.

9

При Сталине в стране начались индустриализа́ция, терро́р и репре́ссии.

1861	1917	1922	1924–1953	1941–1945	1985–1991	1991	
Алекса́ндр II отменя́ет крепостно́е право	Октя́брьская револю́ция	Основание СССР	Эпоха Ста́лина	Великая Отечественная война	Перестро́йка	Основание Российской Федера́ции	Россия в XXI веке

S 34–37

«Е́сли я когда́-нибудь ста́ну цари́цей …»

1 Ученики́ из Петербу́рга в гостя́х у шко́лы-партнёра в Це́рбсте. Они́ вме́сте рабо́тают над прое́ктом «Фикти́вный дневни́к» неме́цкой принце́ссы Софи Ауגу́сте Фридери́ке фон Анга́льт-Цербст. Она́ прие́хала в Росси́ю, когда́ ей бы́ло 14 лет и ста́ла са́мой изве́стной цари́цей Росси́и – Екатери́ной II.

2 29 апре́ля 1744 г.
Опя́ть плоха́я пого́да! В Герма́нии мне кто́-то расска́зывал, что в Росси́и да́же в ма́е идёт снег, но я в э́то не ве́рила. А сего́дня у́тром все дере́вья бы́ли в снегу́, хотя́ уже́ коне́ц апре́ля. Как я ра́да, что мы с ма́мой в Петербу́рге! Когда́ я вспомина́ю на́шу пое́здку в январе́, мне стано́вится пло́хо. Мы е́хали не́сколько неде́ль и всё вре́мя бы́ло хо́лодно. Е́сли бы мне год наза́д кто́-нибудь сказа́л, что я пое́ду в Росси́ю, я бы не пове́рила ему́ …
У меня́ температу́ра, чу́вствую себя́ ужа́сно. Наве́рное, я винова́та сама́. Ка́ждую ночь, когда́ все уже́ спят, я встаю́ и учу́ ру́сский, а во дворце́ но́чью о́чень хо́лодно. Но я хочу́ как мо́жно скоре́е вы́учить язы́к, ведь э́та страна́ когда́-нибудь ста́нет мое́й ро́диной. (…)

3 28 ма́я 1744 г.
Вчера́ ничего́ не писа́ла, во дворце́ был пожа́р! У́жас! У Елизаве́ты сгоре́ло 6000 пла́тьев!! И э́то то́лько ма́ленькая часть её гардеро́ба. Когда́ я прие́хала в Петербу́рг, у меня́ бы́ло всего́ пять пла́тьев …
Я уже́ четы́ре ме́сяца в Росси́и и мне всё бо́льше нра́вится жизнь во дворце́. Здесь всё по-друго́му. Почти́ ка́ждый день каки́е-нибудь пра́здники, а ско́лько во дворце́ зо́лота! И каки́е краси́вые пла́тья у дам! И все по после́дней францу́зской мо́де! Они́ почти́ никогда́ не надева́ют одно́ пла́тье два ра́за! За́втра у меня́ о́чень ва́жный день. Креще́ние в ру́сскую ве́ру, поэ́тому я о́чень волну́юсь. Мне даду́т но́вое и́мя, уже́ за́втра я бу́ду Екатери́на Алексе́евна. (…)

4 20 августа 1745 г.
За́втра ва́жный день (мо́жет быть, са́мый ва́жный) в мое́й жи́зни – моя́ сва́дьба! Но я не ра́да э́тому дню, мне ужа́сно гру́стно … Пётр прово́дит со мной так ма́ло вре́мени, наве́рное, я ему́ не нра́влюсь. Я его́ совсе́м не понима́ю. Его́ ничего́ не интересу́ет, кро́ме его́ глу́пых солда́тиков. Ему́ уже́ 17, а он до сих пор игра́ет в ку́клы! Он говори́т то́лько по-шве́дски и по-неме́цки, а по-ру́сски он почти́ не говори́т. Пётр ужа́сно неве́жливый! Мне ка́жется, что он не лю́бит Росси́ю. А мне здесь нра́вится. Здесь у меня́ бо́льше возмо́жностей, чем до́ма. И е́сли я когда́-нибудь ста́ну цари́цей, то …

1 Слова, слова

а) Как можно сказать по-другому? Ersetzt die hervorgehobenen Wörter.

1. Екатерина часто **думает** о поездке в Россию.
2. Дамы не любят **носить** одно платье несколько раз.
3. 6000 платьев – это **ещё не весь** гардероб Елизаветы.
4. В России у Екатерины больше **шансов**, чем в Германии.

б) А теперь объясните вы, что такое: дерево, родина, платье, свадьба.

2 К тексту

3

а) Выберите правильный ответ. Расставьте цифры ответов по порядку, так вы узнаете, в каком году родилась Екатерина II.

1. Софи Аугусте Фридерике приехала в Россию
   - **А** летом. (3)
   - **Б** весной. (8)
   - **В** зимой. (2)

2. Ночью она
   - **А** занимается русским языком. (7)
   - **Б** танцует во дворце. (6)
   - **В** только спит. (4)

3. Ей нравится жить во дворце, потому что здесь
   - **А** всё из золота. (5)
   - **Б** много праздников. (1)
   - **В** всё, как на её родине. (10)

4. Пётр
   - **А** всё время хочет быть только с ней. (8)
   - **Б** говорит с ней только по-русски. (7)
   - **В** не любит проводить с ней время. (9)

б) Ответьте на вопросы.

1. Как вы думаете, почему текст называется «Если я когда-нибудь стану царицей …»?
2. Почему Софи так быстро хочет выучить русский язык?
3. Как она отно́сится к России? Что ей там особенно нравится?
4. Как она чувствует себя перед свадьбой? Почему она себя так чувствует?
5. Как вы считаете, Пётр хороший муж для Екатерины? Почему вы так думаете?

3 Завтра мне дадут новое имя …

4

а) Vergleicht die Konjugation von дать mit der von есть (essen). Welchem Aspekt gehören есть und дать an? In welchem Tempus stehen sie?

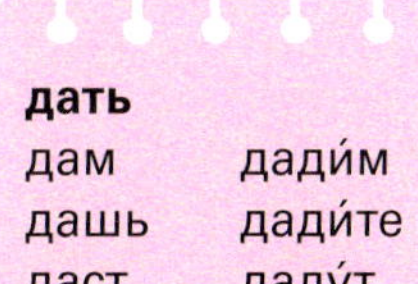

дать	
дам	дади́м
дашь	дади́те
даст	даду́т

б) Что они завтра сделают? Составьте предложения со словом «дать».
» 1. Завтра мама …

1. мама – молодая Софи – подарок
2. я – ты – плеер
3. вы – ученики – приглашение
4. ребята – журналист – интервью
5. мы – вы – учебники
6. ты – подруга – статья

4 По следам … § 11  5

а) Katharinas Gedanke auf der Zeichnung steht im Konjunktiv. Erklärt, wie diese Form gebildet wird und wofür man sie benutzt.

б) Прочитайте предложения и переведите их. Vergleicht vorher das Geschehen in beiden Teilsätzen. Worauf müsst ihr bei der Übersetzung ins Deutsche achten?

Екатерина **носит** зелёное платье, но она **носила бы** и красное платье.
Вчера Екатерина **носила** зелёное платье, но она **носила бы** и красное платье.

5 Идеа́льный муж?! 6

а) Дополните предложения. Setzt die Verben in den Konjunktiv.

1. Екатерина ■ (говорить) с Петром и по-русски, но он говорит с ней только по-немецки.
2. Она ■ (ходить) с Петром на праздники, но ему больше нравится играть в солдатики.
3. Она ■ (носить) французские платья, но Пётр покупает ей только мундиры.
4. Она ■ (заниматься) вместе с мужем философией, но его это не интересует.
5. Она ■ (говорить) с ним о литературе, но он читать не любит.

б) Как вы представляете себе идеального мужа Екатерины?
» Идеальный муж Екатерины говорил бы с ней и по-русски. Продолжите.

6 По следам … § 12 7, 8

а) Ihr kennt schon Nebensätze mit если. Welche Art von Bedingung drücken sie aus? In Text A findet ihr einen Satz mit **если бы**. Welche Art von Bedingung wird hier ausgedrückt? In welcher Form stehen die Verben in Haupt- und Nebensatz?

Prägt euch ein:
если бы … , (то) …
– wenn … , (dann) …

б) Если бы Екатерина жила сегодня, (то) она … Расскажите о ней.
» Если бы Екатерина жила сегодня, (то) она ездила бы на машине.

7 Если бы …

а) О себе Скажите, что вы (с)делали бы, если бы вы …

1. Если бы я жил(а) в России, я …
2. Если бы я был(а) ка́нцлером Германии, …
3. Если бы я был(а) миллионе́ром, …
4. Если бы я встретил(а) своего любимого актёра/свою любимую актрису, …
5. Если бы я жил(а) в XVIII веке, …
6. Если бы моя мама не познакомилась с моим папой, …
7. Если бы у меня не было мобильника, …
8. Если бы …

б) Прочитайте и переведите стихи.

Если бы я вы́играла[1]
В лотере́е[2] миллион,
Я бы кру́то[3] отдыхала
На Майорке весь сезо́н[4].

Я на пляже бы лежала
И журналы бы читала.
Так весь день бы загорала,
SMS-ки бы писала.

И друзьям бы я звонила,
И на диско бы ходила.
Всех друзей бы приглашала
И всю ночь бы танцевала.

✻ **в)** Напишите похожие стихи. Используйте «если бы».
Legt euer Gedicht im Portfolio-Ordner ab.

8 Так говорят – Чувствовать себя

9

!

злиться
дово́лен, -льна, -льны
рад, -а, -ы
устал, -а, -и
не́рвничать
(мне) грустно
боя́ться

а) Петя – герой комикса. Скажите, как он чувствует себя.

б) Скажите, как Екатерина чувствовала себя во время поездки, в первые дни в России и перед свадьбой.

в) О себе Спросите друг друга, как вы чувствуете/чувствовали себя перед контрольной работой, во время каникул, в последний день рождения, … Продолжите.

---

1 вы́играть gewinnen – **2 лотере́я** Lotterie – **3 кру́то** = здорово – **4 сезо́н** Saison

9 По следам … § 13

а) Unbestimmte Pronomen (dt. „irgend…“) bildet ihr, indem ihr an ein Fragepronomen -то bzw. -нибудь anhängt.
Перепишите и дополните таблицу.

б) Ergänzt eure Tabelle mit den unbestimmten Adverbien когда-то/когда-нибудь, где-то/где-нибудь und куда-то/куда-нибудь.

	unbestimmte Pronomen	
кто	кто-то кто-нибудь	(irgend) jemand
что	■	■
какой	■	■

в) Выпишите из текста А все предложения с формами «…-то» и «…-нибудь».
Erklärt mithilfe des Merkzettels die Verwendung der Pronomen/Adverbien in diesen Sätzen.

-то	**-нибудь**
– Person/Sache ist dem Sprecher unbekannt – Person/Sache wurde vom Sprecher vergessen – Sprecher will Sachverhalt nicht mitteilen	– Person/Sache ist dem Sprecher gleichgültig – bei künftigem Geschehen – häufig bei Fragen

Nur der erste Teil des Pronomens wird dekliniert, **-то** und **-нибудь** sind **unveränderlich**!

10 «Немцы в России» 10

а) Ученики из Новгорода и Дрездена вместе работают над проектом о жизни немцев, которых Екатерина пригласила в Россию. Что они говорят?
Setzt die unbestimmten Pronomen im entsprechenden Kasus ein.

б) Что говорят учителя? Вставьте «-нибудь» или «-то».

1. Вы уже нашли в Интернете какую-■ интересную информацию об иностра́нцах в Петербурге?
2. Ге́нрих Шли́ман – известный русский немец. Кто-■ из вас уже читал статью о нём?
3. В этой книге есть что-■ интересное о жизни первых немцев в России?
4. Вы знаете какие-■ фильмы о переселе́нии немцев в Россию, которые помогут нам?
5. Вот работа какого-■ немецкого учёного, прочитайте её!
6. Где Миша и Коля? Они куда-■ ушли?

13 11 Манифесты Екатерины

а) Послушайте CD. Назовите тему выставки и скажите, где она проходит.

б) Послушайте текст ещё два раза и ответьте на вопросы.

1. Что вы узнали о начале переселения в Россию?
2. Какие люди стали известными русскими немцами?
3. Что ещё можно посмореть на выставке?

Von GOttes Gnaden
Wir Catharina die Zweyte,
Kayſerin und Selbſtherrſcherin aller Reußen,
zu Moſcau, Kiow, Wladimir, Nowgorod, Zaarin zu Caſan, Zaarin zu Aſtrachan, Zaarin zu Sibirien, Frau zu Plescau und Groß-fürſtin zu Smolensko, Fürſtin zu Eſthland und Liefland, Carelen, Twer, Jugorien, Permien, Wiatka, Bolgarien und mehr andern; Frau und Großfürſtin zu Nowgorod des Niedrigen Landes, zu Tſchernigow, Reſan, Roſtow, Jaroslaw, Beloоſerien, Udorien, Obdorien, Condinien, und der ganzen Nord-Seite Gebieterin und Frau des Iveriſchen Landes, der Cartaliniſchen und Gruſiniſchen Zaaren und des Cabardiniſchen Landes, der Tſcherkaßiſchen und Goriſchen Fürſten und mehr andern Erb-Frau und Beherrſcherin.

Da Uns der weite Umfang der Länder Unſers Reiches zur Gnüge bekannt; ſo nehmen Wir unter andern wahr, daß keine geringe Zahl ſolcher Gegenden noch unbebauet liege, die mit vortheilhafter Bequemlichkeit zur Bevölkerung und Bewohnung des menſchlichen Geſchlechtes nutzbarlichſt könnte angewendet werden, von welchen die meiſten Ländereyen in ihrem Schooße einen unerſchöpflichen Reichthum an allerley koſtbaren Erzen und Metallen verborgen halten; und weil ſelbige mit Holzungen, Flüſſen, Seen und zur Handlung gelegenen Meeren gnugſam verſehen, ſo ſind ſie auch ungemein bequem zur Beförderung und Vermehrung vielerley Ma-

12 Стратегия – Eigene Texte mithilfe anderer Texte erstellen

! Um eigene Texte zu erstellen, könnt ihr auch Schülerbuch- oder authentische Texte als Vorlage nutzen. Geht dabei folgendermaßen vor:

1. Bestimmt Textsorte und Hauptinhalt des Ausgangstextes.
2. Überlegt, in welche Textsorte ihr den Ausgangstext umwandeln könnt. Folgende Fragen helfen dabei: Welche Aspekte fehlen im Ausgangstext? Welche Personen/Ereignisse könnten ausführlicher beschrieben werden?
3. Legt fest, welche Textteile (Formulierungen, Sätze, Satzteile usw.) ihr beibehalten könnt und welche ihr ersetzen, umstellen oder abwandeln müsst.
4. Entscheidet, welche Textelemente ihr ausschmücken wollt.

Beachtet, dass für die von euch gewählte Textsorte ein Wechsel von Sprecherperspektive, Handlungszeit u.a. nötig sein kann.

Tipps für Textsorten:
- innerer Monolog
- Dialog
- Theaterszene
- Interview
- Reportage
- Tagebuch
- …

а) Придумайте интервью с Екатериной Второй.
Geht wie in der Strategie angegeben vor und benutzt Text A als Ausgangstext.
Beachtet die folgenden Besonderheiten der Textsorte „Interview“:

- Denkt euch einen Anlass für das Interview aus.
- Begrüßt die interviewte Person. Achtet darauf, wie ihr sie ansprechen müsst.
- Formuliert zunächst die Fragen, die ihr eurem Interviewpartner stellen wollt.
- Denkt euch die entsprechenden Antworten dazu aus.
- Baut kurze Übergänge in euer Interview ein.
- Bedankt euch am Schluss bei eurem Interviewpartner und verabschiedet ihn.

б) Разыграйте интервью перед классом. Кто придумал самое интересное интервью?

S 38

Янта́рная ко́мната

На́стя нашла́ интере́сный интерне́т-сайт «Исто́рия для всех».

Пётр I:

Янта́рная ко́мната была́ пода́рена мне Фри́дрихом Вильге́льмом I. Она́ прибыла́ в Петербу́рг в 1716 году́.

Елизавета:

В 1755 году́ я перевезла́ ко́мнату в свой ле́тний дворе́ц, в Ца́рское Село́.

Немецкий солдат:

Во вре́мя войны́, в 1941 году́, мы перевезли́ ко́мнату в Кёнигсбе́рг.

S 39

Калинингра́д:

Я был осно́ван в 1255 году́. Тогда́ я называ́лся Кёнигсбе́рг, а сего́дня я – Калинингра́д. Янта́рная ко́мната была́ в моём музе́е до 1945 го́да. А пото́м не́мцы ушли́ и с тех пор никто́ не зна́ет, где она́ нахо́дится.

Немецкий учёный:

Я всю жизнь ищу́ э́ту ко́мнату! Я иска́л её в гора́х Тюри́нгии и да́же в Балти́йском мо́ре.

Русский учёный:

В 1979 году́ мы с неме́цкими колле́гами на́чали восстана́вливать Янта́рную ко́мнату. Э́то был о́чень сло́жный прое́кт, потому́ что не́ было никаки́х докуме́нтов, кро́ме ста́рых фотогра́фий.

Русский историк:

Я уве́рен, что Янта́рная ко́мната до сих по́р нахо́дится где-то в Калинингра́де.

Янтарная комната:

Я – но́вая Янта́рная ко́мната и нахожу́сь опя́ть в Ца́рском Селе́. Ка́ждый ме́сяц меня́ посеща́ют ты́сячи люде́й.

Фирма Рургаз АГ:

Я дала́ не́сколько миллио́нов е́вро на э́тот прое́кт. Во вре́мя прое́кта бы́ли испо́льзованы 10 тонн янтаря́ (1 кг янтаря́ сто́ил 169 е́вро).

Немецкий канцлер и русский президент:

В мае 2003 го́да наконе́ц Янта́рная ко́мната была́ официа́льно откры́та.

1 К тексту

а) Перепишите таблицу и дополните годы и этапы из истории Янтарной комнаты.

«Путешествие Янтарной комнаты»

Годы	Этапы
1716–1755	■
■	Царское Село
1941–1945	■
■	место неизвестно
■	Царское Село: восстановле́ние
■	Царское Село: открытие

б) Что (с)делали люди из текста Б с Янтарной комнатой?
» Фридрих Вильгельм I подарил комнату Петру Первому.

в) Немного математики. Скажите, сколько …

1. … стоили 10 тонн янтаря для Янтарной комнаты.
2. … лет эта комната находилась и находится уже в Царском Селе.
3. … лет восстанавливали Янтарную комнату.

2 Так говорят – Zeitangaben

§ 14 11–13

!		
Datumsangaben	в каком году? *(в + Präp.)* в каком месяце? какого числа? *(Gen.)* на *(+ Präp.)* в *(+ Akk.)*	**в** 2011-м году **в** мае 2011-го года 20-го мая 2011-го года **на** этой неделе **в** субботу
Zeitspanne	с какого до какого года? (с + *Gen.*/до+ *Gen.*)	**с** 1998-го **до** 2011-го года/ **с … по** 2011-й год **с тех пор – до сих пор**
Zeitdauer	как долго? *(Akk.)*	минуту/час/день/неделю/месяц/год
vor (Zeitraum)	*(Akk. +)* назад	минуту/час/день/неделю/месяц/год **назад**
nach (Zeitraum)	через *(+ Akk.)*	**через** минуту/час/день/неделю/месяц/год
Zeitraum	во время *(+ Gen.)*	**во время** урока/каникул/свадьбы
vor (Ereignis)	перед *(+ Instr.)*	**перед** уроком/каникулами/свадьбой
nach (Ereignis)	после *(+ Gen.)*	**после** урока/каникул/свадьбы

а) Игра Schreibt möglichst viele Zeitangaben auf Kärtchen. Dann zieht ein Spieler ein Kärtchen, stellt dazu eine Frage und wählt einen Mitspieler, der antworten muss. Bei (sprachlich) richtiger Antwort darf dieser das nächste Kärtchen aufdecken.
» Что ты (обычно) делаешь/делал(а)/будешь делать …

б) Представьте себе, что вы живёте в XVIII веке. Напишите маленький текст (10 предложений). Verwendet möglichst viele Zeitangaben.

перед Рождеством
через 20 лет
в воскресенье
после уроков
год назад
…

3 По следам … § 15

а) Schreibt die Sätze mit Partizipien aus Text Б heraus.
Markiert die Endungen von быть und die der Partizipien. Was stellt ihr fest?
In welchem Tempus sind diese Sätze geschrieben? Woran habt ihr das erkannt?

Das Partizip Präteritum Passiv Kurzform erkennt ihr an den Suffixen **-н-**, **-ен-/-ён-** und **-т-**.
Es wird nur von **vollendeten** Verben gebildet und für die Bildung des **Passivs** verwendet.

(основа́ть) осно́ван, -а, -о, -ы = gegründet
(подари́ть) пода́рен, -а, -о, -ы = geschenkt
(перевести́) переведён, -а́, -о́, -ы́ = übersetzt
(откры́ть) откры́т, -а, -о, -ы = er-/geöffnet
(закры́ть) закры́т, -а, -о, -ы = geschlossen

б) Переведите предложения. Bestimmt das Tempus und erklärt die Bildung des Prädikats.

1. В следующем году библиотека будет закрыта.
2. Старые книги скоро будут подарены немецкому музею.
3. Письмо историка будет переведено на русский язык.
4. По вторникам музей закрыт, а выставка рядом с музеем открыта каждый день.

4 Екатерининский дворец 14

а) Перепишите и дополните текст.

Екатерининский дворец находится в Царском Селе. Этот город ■ в 1708 году. Дворец ■ в 1717 году. В 1755 году сюда ■ знаменитая Янтарная комната. После Октябрьской революции здесь ■ музей. Во время Великой Отечественной войны дворец ■. После войны началось восстановление дворца, а в 1979 году Янтарной комнаты. С 2003 года эта комната опять ■ для посети́телей.

L 14 **б)** Послушайте текст о Екатерининском дворце. Что там неправильно? Найдите 5 ошибок.

было перевезена́ | был основан | был построен | был си́льно разру́шен | был открыт | открыта

5 Так пишут – Offizielle Schreiben

!

Anrede: Уважа́емые дамы и господа́!
Уважаемый господин Вебер! / Уважаемая госпожа́ Вебер!
Уважаемый Иван Антонович! / Уважаемая Анна Сергеевна!

Anliegen: Не могли бы Вы *(+ vo. Inf.)* … помочь/написать/присла́ть …
Я очень хотел(а) бы *(+ Inf.)* …

Dank: Большое спасибо за *(+ Akk.)* …
Я Вам очень благода́рен/благода́рна за *(+ Akk.)* …

Schluss: С уваже́нием,

Используйте эти выражения в задании 6.

6 E-mail Насти 15, 16

а) Дополните e-mail Насти. Используйте выражения из задания 5.

от кого	nastja_g@mail.ru	кому	museum@tzar.ru
тема	Янтарная комната		

■!
У нас в школе проходит проект «Царское Село». Моя часть проекта – Янтарная комната. Я уже нашла несколько интересных фактов, но ■ собрать больше информации об истории этой комнаты. ■ ...
■
Анастасия Григорьева

б) Настя получила из музея интересную информацию и новые материáлы о Янтарной комнате. Напишите e-mail от её и́мени (in ihrem Namen) в музей. Bedankt euch für die Unterstützung und das wertvolle Material, das für das Projekt sehr nützlich war.

7 По-русски

Прочитайте статью и расскажите русскому другу о мэре деревни в Саксонии, который уже много лет ищет Янтарную комнату.

Jagd auf das Bernsteinzimmer „Neueste Nachrichten" vom 25. Februar 2008

Seit Jahren sucht man nach dem legendären Bernsteinzimmer. Allen voran Heinz-Peter Haustein, 53, Bürgermeister der 1200-Seelen-Gemeinde Deutschneudorf. Er ist überzeugt, dass das seit Kriegsende verschollene Bernsteinzimmer tief unter der Erde in der Nähe seines Dorfes lagert. Nach seiner Meinung führen die Spuren eindeutig nach Deutschneudorf. 1995 hatte er von einem Dorfbewohner erfahren, dass dieser vor 50 Jahren Kisten voller Bernstein gesehen hatte. An der Glaubwürdigkeit des Zeugen zweifelt er nicht, er war sein Vater. Inzwischen gibt es immer mehr Hinweise, die diese Aussage bestätigen. In ihnen geht es nicht nur um Bernstein, da ist auch von Tonnen von Gold die Rede. Die bisherige Suche war noch nicht erfolgreich. Doch Bürgermeister Haustein gibt nicht auf. Und mit ihm hoffen die Deutschneudorfer auf den großen Fund.

✻ 8 Итоговое задание

Выберите задание А или Б.

А – Янтарная комната	Б – Кто этот человек?
Fertigt ein Schaubild/Poster oder einen Flyer zum Bernsteinzimmer an und stellt es/ihn in der Klasse vor. Recherchiert auch im Internet nach weiteren interessanten Informationen.	Erstellt eine Präsentation zu einer berühmten historischen/politischen Persönlichkeit. Stellt das Leben dieser Person aus der Ich-Perspektive dar. Eure Mitschüler erraten, um wen es sich handelt.

Перед чтением

а) Выберите правильные ответы. Что вы ещё знаете об Александре Сергеевиче Пушкине?

1. Он был известным	А) музыкантом.	Б) поэ́том.	В) космонавтом.
2. Он жил в	А) XVII веке.	Б) XIX веке.	В) XX веке.
3. Все в России знают его	А) комиксы.	Б) блог.	В) стихи и сказки.
4. Он умер	А) в больнице.	Б) после дуэ́ли.	В) в авиационной катастрофе.

б) Прочитайте заглавия. Как вы думаете, о чём идёт речь в тексте?

в) Прочитайте текст с помощью словаря.

Ох, уж э́тот Пу́шкин!

Сце́на № 1: В кабине́те ру́сского языка́

(Alle Schüler sind im Russischzimmer und packen ihre Unterrichtsmaterialien aus. Es klingelt. Die Lehrerin betritt energisch den Raum. Allgemeine Unruhe.)

Учительница: Ну что, дава́йте начнём! Здра́вствуйте!

(Alle Schüler gelangweilt): Здра́вствуйте!

Учительница: Ита́к, мы продолжа́ем те́му: *(Lehrerin klappt die Tafel auf, darauf steht)* «Жизнь и тво́рчество Алекса́ндра Серге́евича Пу́шкина». Начнём с повторе́ния. Людми́ла, иди́ сюда́. *(Ludmila erhebt sich unwillig, geht betont langsam nach vorn und wendet sich der Klasse zu.)* Когда́ роди́лся вели́кий ру́сский поэ́т Алекса́ндр Серге́евич Пу́шкин?

Людмила: Гм, гм … *(Druckst herum.)*

Учительница: Не зна́ешь? *(Ludmila: Betretenes Schweigen.)* Ла́дно, отве́ть ты, Ве́рочка.

Верочка: Вели́кий ру́сский поэ́т Алекса́ндр Серге́евич Пу́шкин роди́лся 6-го ию́ня 1799 го́да.

Учительница: У́мница! *(zu Ludmila)* Сле́дующий вопро́с. Где роди́лся поэ́т? *(Ludmila: Schweigen.)* Людми́ла, Людми́ла, не зна́ю, что с тобо́й де́лать. Тре́тий вопро́с. Каки́е произведе́ния Пу́шкина ты зна́ешь? *(Ludmila: Erneutes Schweigen.)* Ты что, опя́ть не зна́ешь? Сади́сь. Дво́йка! *(Ludmila setzt sich auf ihren Platz.)* А сейча́с откро́йте уче́бники на страни́це 25. Прочита́йте текст о Пу́шкине, а пото́м отве́тьте на вопро́сы к те́ксту.

(Alle Schüler beginnen zu arbeiten.)

Сце́на № 2: На переме́не

(Es klingelt. Alle Schüler stürmen hinaus. Nur Ludmila bleibt missmutig auf ihrem Platz sitzen. Sie schaut an die Wand, wo ein großes Puschkin-Porträt hängt (Naheinstellung) und spricht wütend vor sich hin.)

Людмила: Как я ненави́жу литерату́ру! Ко́миксы, компью́терные и́гры – вот э́то да! А литерату́ра? Кому́ она́ нужна́? Эх ты, Алекса́ндр Серге́евич, заче́м ты так мно́го написа́л?

(Puschkins Gesicht kommt immer näher. Krach, bum! Puschkin springt aus dem Bild und stellt sich vor Ludmila hin, die vollkommen erschrocken auf ihrem Platz verharrt.)

Пушкин: Здра́вствуй, недово́льная Людми́ла! Ты ду́маешь … А что э́то у тебя́ в рука́х?

Людмила: Моби́льник. Я пишу́ SMS-ку дру́гу.

Пушкин: SMS-ка? Что э́то, любо́вное посла́ние?

Людмила: Ну, что-то вро́де того́. У меня́ свида́ние с дру́гом. Вот я пишу́ ему́: «Сего́дня в 6 на пло́щади! До встре́чи! Люблю́, пока́».

Пушкин: И э́то ты называ́ешь любо́вным посла́нием?

Людмила: Ну да, а что вам не нра́вится?

Пушкин: Дава́й, я прочита́ю тебе́ моё:

Я вас люби́л: любо́вь ещё, быть мо́жет,
В душе́ мое́й уга́сла не совсе́м;
Но пусть она́ вас бо́льше не трево́жит;
Я не хочу́ печа́лить вас ниче́м.

Я вас люби́л безмо́лвно, безнаде́жно,
То ро́бостью, то ре́вностью томи́м;
Я вас люби́л так и́скренно, так не́жно,
Как дай вам Бог люби́мой быть други́м.

Людмила: Ва́у! Вот э́то да!

Пушкин: К сожале́нию, царь не всегда́ оце́нивал мои́ стихи́ так хорошо́, как ты. За пи́сьма свои́м друзья́м-декабри́стам и стихи́ о свобо́де я не́сколько раз был в ссы́лках на ю́ге Росси́и и в селе́ Миха́йловском.

Людмила: Како́й у́жас! В селе́! Без телеви́зора, без Интерне́та! Кошма́р!

Пушкин: Не понима́ю, о чём ты говори́шь. Для меня́ са́мым ужа́сным бы́ло жить без друзе́й, бало́в, Не́вского проспе́кта! Вокру́г лишь крестья́не! Хотя́ и в прови́нции бы́ли молоды́е симпати́чные де́вушки … Как раз им-то я и посвяти́л не́сколько свои́х стихо́в. Но э́то уже́ совсе́м друга́я исто́рия. Скажи́ мне лу́чше, а как сейча́с с цензу́рой. Она́ до сих пор о́чень стро́гая?

Людмила: Цензу́ра! Ха! Мы в на́ших SMS-ках сего́дня мо́жем писа́ть всё, что хоти́м. А кому́ вы ещё посвяща́ли свои́ стихи́?

Пушкин: Свое́й дорого́й и люби́мой ня́не.

Людмила: Э́то ещё что за цы́почка[1]?

Пушкин: Ну, что за жарго́н! Ты выража́ешься, как крестья́не в Миха́йловском. Моя́ ня́ня учи́ла меня́ ру́сскому языку́. Кро́ме неё у меня́ бы́ли то́лько францу́зские гувернёры. В то вре́мя я, как и почти́ все ру́сские дворя́не, говори́л по-францу́зски лу́чше, чем по-ру́сски.

Людмила: А у меня́ ня́ни не́ было, я ходи́ла в де́тский са́дик.

Пушкин: Да?! А нам в сад вообще́ не разреша́ли ходи́ть. Говори́ли, что мы там мо́жем испа́чкаться.

Людмила: О, мо́жно сказа́ть, вы бы́ли ребёнком но́вых ру́сских? Ребёнком миллионе́ров?

Пушкин: Не понима́ю, что э́то зна́чит. Когда́-то на́ша семья́ была́ о́чень бога́той, но оте́ц потеря́л весь капита́л.

Людмила: А где вы учи́лись? До́ма?

---

1 цы́почка *ugs.* Tussi

Пушкин: Нет, я был ученико́м пе́рвого лице́я в Росси́и в Ца́рском Селе́. У нас был замеча́тельный класс. Мои́ однокла́ссники ста́ли эли́той Росси́и. На экза́мене в лице́е мы должны́ бы́ли написа́ть стихотворе́ние и прочита́ть его́ пе́ред пу́бликой. Посмотри́-ка на э́ту карти́ну. Э́то я:

Людмила: Ух ты! Су́пер! Вы кла́ссно вы́глядите!

Пушкин: Спаси́бо, а в пе́рвом ряду́ на экза́мене сиде́л Держа́вин – са́мый изве́стный поэ́т Росси́и того́ вре́мени. Он сказа́л мне, что меня́ ждёт большо́е бу́дущее. И ведь так и случи́лось!

Людмила: Вы про́жили дли́нную и счастли́вую жизнь?

Пушкин: Счастли́вую – да! У меня́ была́ о́чень краси́вая жена́ и замеча́тельные де́ти. А вот дли́нной моя́ жи́знь не была́. В 1837 году́ я был ра́нен[1] на дуэ́ли. Че́рез два дня я у́мер. Меня́ уби́л францу́зский офице́р, баро́н Данте́с.

Людмила: А почему́ вы дра́лись на дуэ́ли?

Пушкин: Я защища́л честь жены́. Но мне пора́! Я возвраща́юсь наза́д в свою́ карти́ну. Au revoir, ma chère mademoiselle!

Сце́на № 3: Контро́льная рабо́та

(…)

1 К тексту

а) Прочитайте сцену № 1 ещё раз и дополните дневник Людмилы.

Сегодня у нас опять была ■. Ужас! Тема урока – ■. Учительница спросила меня о жизни ■. А мне неинтересно, когда и где он ■! Но ■, как всегда, всё знала. А я получила ■. (…)

б) Прочитайте сцену № 2 ещё раз и скажите:
- как Людмила относится к литературе.
- почему Пушкин не всегда понимает Людмилу.

в) В сцене № 3 ученики должны написать контрольную. Прочитайте сцену № 2 ещё раз и напишите контрольную вместе с ними.

Контрольная работа: Александр Сергеевич Пушкин

1. Когда родился поэт?
2. На каких языках он говорил?
3. Где он учился?
4. Что вы узнали о его друзьях?
5. О чём он писал в своих стихах?
6. Как царь относился к нему?
7. Что вы узнали о жизни Пушкина?

1 был ра́нен wurde verwundet

2 Людмила и Пушкин

а) Как вы думаете, что произойдёт в сцене № 3? Напишите для неё сцена́рий (Drehbuch).
б) Нарисуйте комикс к жизни Пушкина.

3 Я вас любил

а) Прочитайте стихотворение на стр. 63 ещё раз. Gebt den Inhalt des Gedichts auf Deutsch wieder (→ S. 127). Tipp für besonders Mutige: Versucht selbst eine Nachdichtung!
б) Выучите стихи наизусть.

4 Стратегия – In fünf Schritten zum Film (Videodreh)

!

1. **Story und Titel**
   – Entwickelt gemeinsam eine lebendige und spannende Story und legt einen Filmtitel fest.
   – Erstellt ein Treatment (Kurzform des Drehbuchs), in dem ihr den Handlungsverlauf, die Charaktere der Figuren und ihre Beziehung zueinander beschreibt.
2. **Szenarium und Drehbuch**
   – Entwickelt aus dem Treatment ein Szenarium (Abfolge der einzelnen Szenen). Denkt dabei an Einleitung, Entwicklung und Lösung des Konflikts.
   – Arbeitet die einzelnen Szenen in Gruppen inhaltlich und sprachlich aus (Schreiben der Dialoge).
3. **Dreh**
   – Bereitet die Dreharbeiten gut vor:
   ★ Team/Darsteller/Rollentraining
   ★ Drehorte
   ★ Ausrüstung (Kostüme, Maske, Requisiten, Technik)
   ★ Zeitplan
   – Dreht mit mindestens zwei Kameras, so könnt ihr verschiedene Perspektiven wiedergeben und das Geschehen wirkt plastischer.
4. **Filmbearbeitung**
   Spielt die Aufnahmen ein, schneidet und vertont sie. Nutzt dabei die Unterstützung von Spezialisten (z. B. von der Video-AG eurer Schule). Denkt an ein ansprechendes Eingangsbild, den Abspann des Filmes und das Einspielen von Musik.
5. **Fertiges Produkt**
   Präsentiert euren Film in geeignetem Rahmen (in eurer eigenen und in anderen Klassen, beim Elternabend, bei Wettbewerben …). Bewertet euer Produkt in einer gemeinsamen Diskussionsrunde (Reflexion/Filmkritik), das hilft euch bei eurem nächsten Dreh.

а) Denkt euch Situationen aus eurem Schulalltag/eurer Freizeit aus. Verfasst dazu Szenen in Dialogform.
б) Plant mithilfe der Strategie ein Videoprojekt. Hier ein paar Anregungen:
★ Themen aus dem Russischunterricht (berühmte Personen, Feste feiern, Zeitreise in die russische Geschichte, …)
★ Erfahrungen beim Schüleraustausch
★ Textvorlagen (Erzählung, Schulbuchtext, …)

1 Кем стать? ▸ Substantive

Дополните окончания, а потом угадайте, о каких профессиях идёт речь.

а) Петя скоро кончит гимназ■. После школ■ он хочет учиться дальше. Петя очень интересуется истор■, литератур■ и театр■. Кем стать? Журналист■? Учител■? Историк■? Нет, он хочет играть разные рол■ в театр■ и в фильм■, выступать на сцен■ и по телевиден■.

б) Наташ■ нравится знакомиться с люд■, путешествовать по разным стран■ и заниматься язык■. Она уже участвовала в школьном обмен■ с другими стран■. В прошлом год■ Наташа летала в Америк■. Теперь она мечтает о работ■ в воздух■. Она хочет помогать пассажир■, заботиться об их проблем■ и желан■, говорить с ними на разных язык■.

в) Гриша увлекается истор■ и географ■. Он знает географ■ и истор■ своей стран■ лучше всех одноклассник■. После школ■ он хочет работать с люд■ из разных город■ и стран■, показывать турист■ памятник■, музе■ и другие достопримечательност■. Он хочет рассказывать им о важных событ■ в истор■ своей родин■ и о жизн■ знаменитых люд■.

2 Какой или как? ▸ Adjektive und Adverbien

а) Bildet Adverbien aus folgenden Adjektiven.

1. хороший | 2. прекрасный | 3. весёлый | 4. немецкий | 5. свободный

б) Erweitert die Aussagen. Wählt das passende Adverb oder Adjektiv aus a).

1. Коля умеет фотографировать. Он мечтает стать фотографом.
2. Таня певица. Она также играет на гитаре.
3. Этого парня зовут Илья. Вчера он рассказывал о своём городе.
4. Илья работает журналистом для газеты. Он пишет о России.
5. Даша говорит на английском языке. Когда у неё есть время, она читает английские книги.

3 Вы правы ▸ Steigerung der Adjektive und Adverbien

а) Скажите, что вы согласны. Benutzt dazu passende Steigerungsformen.

➤ Кристина очень красивая. – Ты прав(а), она одна из самых красивых девушек в нашем классе.

1. Андрей Аршавин очень успешный футболист.
2. Это очень старый дом.
3. Ксения очень талантливая спортсменка.
4. Транссиб – это очень длинная железная дорога.
5. Новосибирск очень большой город.
6. Пётр Чайковский – это очень знаменитый русский композитор.
7. Эльбрус – это очень выскокая гора.
8. Дима Билан очень известный певец.

б) Versucht, eure Aussagen aus a) noch zu übertreffen.

➤ По-моему, Кристина даже красивее всех.

4 Приятного аппетита ▸ unregelmäßige Verben

а) Вставьте глаголы в нужной форме.

1. – Что вы обычно едите в этом ресторане?
   – На закуску мы ■ блины. Из супов я ■ солянку, а Наташа ■ борщ.
   Из горячих блюд родители ■ рыбу. А что ты ■?
2. – Что вы пьёте на завтрак?
   – Я обычно ■ чай. Моя сестра ■ кефир. Мама и папа ■ кофе. А что ты ■?
3. – Что вы закажете на десерт?
   – Я ■ мороженое. Мама и Наташа ■ сырники. Папа ■ торт. А что ты ■?
4. – Что вы возьмёте на ужин?
   – Я ■ сосиски и яблочный сок. Наташа тоже ■ сок и хлеб с сыром.
   Наши родители ■ шашлык и пиво. А что ты ■?

б) Напишите инфинитивы (Infinitive) глаголов из а).

5 Добро пожаловать! ▸ Verben der Fortbewegung mit Präfix

Ответьте на вопросы. Verwendet Verben mit entgegengesetzter Bedeutung.
» К вам пришли гости? – Да, но они уже ушли.

а) Ваши друзья приехали два дня назад?
б) Иностранцы вошли в гостиницу?
в) Твоя сестра прилетела в среду?
г) Поезд пришёл без опоздания?
д) Туристы уже въехали в город?
е) Лаура приехала во Владимир?

6 Время не ждёт ▸ Zeitangaben

а) Дополните высказывания. Используйте антонимы и слова в скобках (Klammern).
» **Вчера** Рома ходил на тренировку. **(кино)** → А завтра он идёт в кино.

1. **Осенью** эти птицы летят на юг. **(север)**
2. В **прошлом** году мы ездили в Минск. **(Владивосток)**
3. **Зимой** я люблю кататься на лыжах. **(скейтборд)**
4. **По утрам** мой папа обычно читает газеты. **(романы)**
5. **Перед** концертом я встречусь с Димой. **(Таня)**
6. Год **назад** мой брат ездил в Италию. **(Франция)**
7. На **следующей** неделе наши гости идут в театр. **(музей)**
8. **Днём** этот самолёт летит в Омск. **(Киев)**

б) Когда жили эти люди? Notiert im Heft die ausgeschriebenen Zahlen.
» Русский царь Пётр I родился 30 мая 1672 года, а умер 28 января 1725 года.

1. Антон Павлович Чехов – великий русский писатель	1860–1904
2. Пётр Ильич Чайковский – прекрасный композитор	25.04.1840–25.10.1893
3. Иван Иванович Шишкин – известный художник	1832–1898
4. Дмитрий Иванович Менделеев – знаменитый учёный	27.01.1834–20.01.1907
5. Александр Александрович Алехин – успешный шахматист	19.10.1892–24.03.1946

Подготовка к ТРКИ

1 Каша в голове[1] ▸ лексика/грамматика

а) Прочитайте разговор. Выберите правильный вариант ответа.
б) Обоснуйте своему партнёру ваш выбор на немецком языке.

Рита дома у Алины. Они встретились, чтобы вместе (1) к экзамену по истории.

Рита: Ну что, Алина, начнём?
Алина: Да, давай. Я так боюсь (2)! Просто не могу понять, зачем мне надо знать все эти исторические (3). По-моему, всё это (4) не нужно.
Рита: Спокойно. Всё будет (5).
Алина: Конечно, тебе не надо волноваться. Ты же лучше (6) в классе знаешь историю.
Рита: Ну да. Это не секрет, что история – моё хобби (7) что я даже мечтаю стать (8). (9) я всё-таки тоже должна готовиться к экзамену.
Итак, первый вопрос: Что ты знаешь о первом русском царе? Как его звали? Когда он пришёл к власти?
Алина: Стоп! Это не один, (10) уже несколько вопросов … Ой, мне кажется, (11) я всё забыла. У меня одна каша в голове!
Рита: А ты не волнуйся! Ты же хотела, (12) я тебе помогла. Я тебе всё объясню …

(1) подготовиться/подготовились/подготовятся
(2) этот экзамен/этого экзамена/этому экзамену
(3) приключения/события/мнения
(4) никто/никого/никому
(5) хороший/хорошее/хорошо
(6) всех/всего
(7) и/а/но
(8) историк/историка/историком
(9) и/а/но
(10) и/а/но
(11) что/чтобы
(12) что/чтобы

2 Интересный человек ▸ говорение

На уроке русского языка вы должны рассказать об интересном человеке. Подготовьте сообщение (Vortrag) на эту тему (10–15 предложений). При подготовке (Beim Vorbereiten) задания можно пользоваться словарём. Данные (gegebene) вопросы помогут вам.

1. Как зовут этого человека?
2. Кто он/она?
3. Почему вы хотите рассказать о нём/о ней?
4. Какой это человек?
5. Когда и где он родился/она родилась?
6. Где он учился/она училась?
7. Чем он/она занимается (занимался/-лась)?
8. Как он/она выглядит (выглядел/а)?
9. Чем он/она интересуется (интересовался/-лась)?
10. Какую роль он/она играет (играл/а) в вашей жизни (в жизни вашей страны)?

[1] **каша в голове** heilloses Durcheinander im Kopf

3 Ситуации ▸ говорение

Разыграйте следующие ситуации. Ты начинаешь диалог, а твой партнёр продолжает. Tauscht auch die Rollen.

1. Все говорят, что ты похож/а на папу. Это правда?
2. Что ты любишь больше – кино или театр?
3. Ты такой грустный/такая грустная! Что случилось?
4. Куда ты пойдёшь, если у тебя в субботу будет время?
5. Ты уже хорошо говоришь по-русски! Где ты учил/а русский язык?

4 Привет из Москвы! ▸ письмо

Вы получили письмо от своего друга из Москвы. Прочитайте письмо и напишите ответ от своего имени (in eurem Namen). В письме ответьте на все вопросы вашего друга. При выполнении (Beim Bearbeiten) теста можно пользоваться словарём.

Привет, Роберт!

Как твои дела? У меня всё нормально. У нас, наконец, начались летние каникулы. В этом году я, как обычно, буду отдыхать вместе со своей семьей. Знаешь, нам интересно отдыхать вместе. *А ты любишь отдыхать со своими родителями? Вы часто ездите куда-нибудь вместе? Ну, например на море, в горы или в другие города?* В этом году мы поедем во Францию. *А ты уже знаешь, куда вы поедете?* Ты хотел знать, кто мои родители. Они программисты. Они очень любят свою профессию и много работают. Но по выходным они любят отдыхать вместе с нами, со мной и моим братом. Мы смотрим телевизор, ходим в кино или на футбол, разговариваем. Когда хорошая погода, ездим на дачу, гуляем в лесу. *А кем работают твои родители? Где они работают? Ты любишь проводить с ними свободное время? Что вы обычно вместе делаете?*
Конечно, я люблю проводить время и с друзьями. Мой самый лучший друг – Саша. Мы одноклассники и знаем друг друга уже 10 лет! *А как зовут твоего лучшего друга или твою лучшую подругу? Как долго вы уже знаете друг друга? Вы вместе учитесь?*
Саша увлекается географией. Он мечтает стать геологом. Мы с ним часто говорим о том, какая профессия интереснее всех. Я ещё не знаю, кем хочу стать. Может быть, программистом, как родители, или врачом, как мой дядя. *Ты уже знаешь, кем ты хочешь стать?* Напиши мне об этом.

Жду твоего ответа. Пока.

Коля

Z Am Ende der Lektion könnt ihr eure Lieblingsband präsentieren oder eine Hitparade erstellen.

S 42–43

Рок был, рок есть, рок бу́дет!

1

Ру́сский рок появи́лся в СССР в 60-х года́х. В то вре́мя молоды́е лю́ди, увлека́вшиеся рок-му́зыкой, организо́вывали пе́рвые рок-гру́ппы в шко́лах и ву́зах. Сле́дующие 20 лет бы́ли о́чень тру́дными года́ми для музыка́нтов, игра́вших рок. Рок-му́зыка пришла́ в СССР из Аме́рики, поэ́тому прави́тельство запреща́ло игра́ть её публи́чно. Иногда́ музыка́нтов да́же аресто́вывали. Но рок жил, лю́ди да́же де́лали са́ми пласти́нки на рентге́новских сни́мках. В э́то вре́мя появи́лись та́кже «кварти́рные» конце́рты, кото́рые музыка́нты дава́ли в кварти́рах для свои́х друзе́й и знако́мых.

В конце́ 80-х годо́в в стране́ начали́сь рефо́рмы и музыка́нты получи́ли возмо́жность выступа́ть на больши́х сце́нах. Са́мыми изве́стными гру́ппами ста́ли «Аква́риум», «Маши́на вре́мени», «ДДТ» и други́е. По́сле того́, как в 1986 году́ в Аме́рике вы́шел альбо́м «Кра́сная волна́», ру́сский рок стал изве́стным за грани́цей. Певцы́ Ви́ктор Цой («Кино́») и Пётр Мамо́нов («Зву́ки Му»), сыгра́вшие в кинофи́льмах, ста́ли куми́рами для молодёжи 80-х и 90-х годо́в. В 90-е го́ды ру́сский рок, потеря́вший хара́ктер проте́ста, стано́вится ча́стью шо́у-би́знеса. Появля́ются но́вые звёзды, таки́е как Земфи́ра, Чиче́рина и гру́ппы «Сплин» и «Му́мий Тро́лль».

Маши́на вре́мени (1969)

Кино́ (1981)

Чиче́рина (1996)

1 К тексту

а) Расставьте предложения по порядку и напишите их.

- ☐ За границей тоже знают русский рок.
- ☐ Нельзя играть рок-музыку публично.
- ☐ Рок – это не только протест, но и бизнес.
- ☐ Музыканты дают концерты в квартирах.
- ☐ Рок-музыканты могут играть публично.
- ☐ Рок-музыкантов даже арестовывают.
- **1** Русский рок появляется.
- ☐ Школьники и студенты организовывают первые рок-группы.

б) Скажите, что произошло
- в 60-х годах,
- с 60-х до начала 80-х годов,
- в конце 80-х годов и
- в 90-х годах.

60-е (шестидеся́тые) го́ды
в 60-х (шестидеся́тых) года́х

в) Перескажите историю русского рока. Используйте факты из а) и б).

2 Русские рок-музыканты § 16 2

а) Ihr lernt nun das Partizip Präteritum Aktiv kennen. Findet mithilfe des Merkzettels dessen Formen in Text A und übersetzt die Sätze. Welche bezeichnen die Gleichzeitigkeit, welche die Vorzeitigkeit?

Partizip Präteritum Aktiv
- **Suffixe:** -**вш**- ([про]чита́вший)
  -**ш**- ([с]мо́гший)
- **vo. Verben:** Handlung des Partizips **vor** Haupthandlung
- **uv. Verben:** Handlung des Partizips meist **gleichzeitig** zur Haupthandlung
- deutsch: Relativsatz im Aktiv

б) Составьте предложения.

1. Музыканты, писавшие о свобо́де, …
2. Молодые люди, любившие рок, …
3. Музыканты, дававшие концерты в квартирах, …
4. Люди, интересовавшиеся рок-музыкой, …

а) играли с большим энтузиа́змом.
б) быстро стали популярными у молодёжи.
в) начали организовывать рок-группы.
г) ходили на концерты в рок-клубы.

3 Музыканты современной группы «Кирпичи» § 17 3

а) Прочитайте и переведите словосочетания. Der Merkzettel hilft euch dabei.

1. не понимающий парень
2. смеющийся парень
3. крича́щий парень
4. мало говорящий, ждущий парень
5. не знающий парень
6. парень, носящий солнечные очки

Partizip Präsens Aktiv
- **Suffixe:** -**ющ**-/-**ущ**- (ду́мающий/жду́щий)
  -**ящ**-/-**ащ**- (говоря́щий/крича́щий)
- **nur uv.** Verben: Handlung des Partizips **gleichzeitig** zur Haupthandlung
- deutsch: Partizip I/Relativsatz im Aktiv

б) Какой сма́йлик подходит к какому словосочетанию?

Родион = :D	Денис = **B**:-)	Саша = :-**S**	Артур = :-@	Юра = :-/	Семён = :-**x**

в) Посмотрите на картинки и скажите, кто из них Саша, Юра, Родион.

1

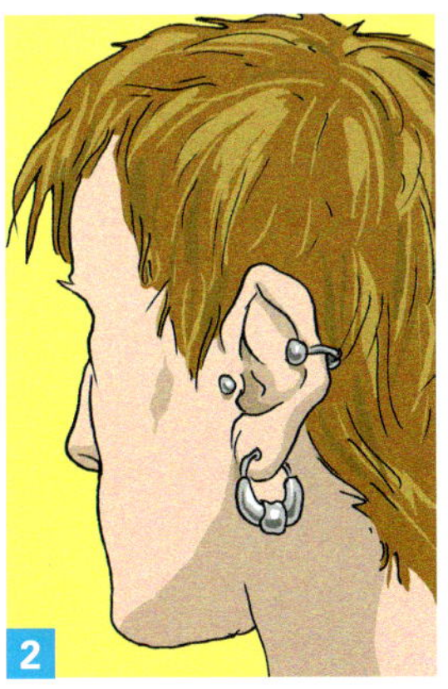
2

3

Юра – парень с оригинально выглядящей кепкой.

Родион – парень со странно выглядящими волосами.

Саша – парень с необычно выглядящим ухом.

4 Фоторепорта́ж о школьном концерте § 18 4

Ребята делают страницу для школьного сайта. Прочитайте выражения и переведите их.

Partizip Präsens Passiv
- **Suffixe:**
  -**ем**- (игра́емый)
  -**им**- (проводи́мый)
- **nur uv.** Verben: Handlung des Partizips **gleichzeitig** zur Haupthandlung
- deutsch: Partizip II / Relativsatz im Passiv

Der **Handlungsträger** steht im Instrumental:
рок, играемый **учениками**

1. концерт, организовываемый музыкальным кружком
2. билеты, продаваемые учениками
3. концерт, открываемый директором
4. песни, любимые ребятами
5. музыка, играемая гитаристом
6. цветы, получаемые музыкантами
7. концерт, проводимый в актовом зале

5 Дворцовая площадь и музыка § 19 5–7

а) Зоя должна написать реферат о Дворцо́вой площади. Прочитайте и переведите её заме́тки (Notizen).

Partizip Präteritum Passiv
- **Suffixe:**
  -**нн**- (сде́ланный)
  -**енн**-/-**ённ**- (ку́пленный/решённый)
  -**т**- (откры́тый)
- **vo.** Verben: Handlung des Partizips **vor** Haupthandlung
- deutsch: Partizip II / Relativsatz im Passiv

<u>Дворцовая площадь</u>

- в центре Санкт-Петербурга
- построенная в 1819–1829 годах
- снятая во мно́гих фильмах
- организованные на площади шоу-програ́ммы
- проведённые на ней рок-концерты
- нерешённый вопрос: Есть жители Петербурга, которые говорят, что шоу-программы и концерты на исторической площади – это ужасно.

б) Расскажите о Дворцовой площади своими слова́ми (mit eigenen Worten).
» Дворцовая площадь находится в центре города. Её построили в …

в) Вы согласны с мнением жителей Петербурга?

Перед чтением

Посмотрите на фото и ответьте на вопросы.
1. Как вы думаете, о чём идёт речь в тексте?
2. Какую музыку и какие песни, по вашему мнению, эта девушка пишет? О чём она поёт?

Звезда́ ру́сского ро́ка

S 44 · 8

Земфи́ра – одна́ из звёзд ру́сского ро́ка. Земфи́ра Талга́товна Рамаза́нова родила́сь 26 а́вгуста 1976 го́да в Уфе́. Поступи́в в 5 лет в музыка́льную шко́лу, она́ в 7 лет уже́ написа́ла свою́ пе́рвую пе́сню.

Ещё уча́сь в шко́ле и слу́шая «Black Sabbath», «Nazareth» и «Queen», Земфи́ра влюби́лась в рок. Вме́сте со свои́ми друзья́ми она́ исполня́ла пе́сни ру́сских рок-гру́пп «Аква́риум», «Кино́» и «На́утилус Помпи́лиус» на у́лицах родно́го го́рода. Но Земфи́ру интересова́ла не то́лько му́зыка, но и спорт. Она́ не́сколько лет серьёзно занима́лась баскетбо́лом, была́ да́же капита́ном молодёжной сбо́рной Росси́и. Око́нчив шко́лу, она вы́брала музыка́льную карье́ру. С 1996 до 1997 го́да Земфи́ра рабо́тала на ра́дио в Уфе́. А по ноча́м, си́дя за компью́тером, она запи́сывала свои́ пе́рвые пе́сни, кото́рые по́зже ста́ли хи́тами: «Почему́», «Снег», «Раке́ты».

В нача́ле 1998 го́да она́ организова́ла гру́ппу «Земфи́ра», так же называ́лся её пе́рвый альбо́м. Земфи́ра сама́ пи́шет не то́лько му́зыку к свои́м пе́сням, но и стихи́. Но и э́то ещё не всё. Все альбо́мы Земфи́ры о́чень ра́зные по хара́ктеру: то они́ жёсткие, то лири́ческие. То она́ поёт о любви́, то о социа́льных пробле́мах. О Земфи́ре Рамаза́новой мо́жно говори́ть до́лго и мно́го, но лу́чше про́сто послу́шать её пе́сни.

1 К тексту

а) Ответьте на вопросы.
1. Кто такая Земфира Талгатовна Рамазанова?
2. Чем интересовалась Земфира, когда она ещё училась в школе?
3. Что произошло в 1998 году?
4. Опишите песни Земфиры.

б) Составьте анке́ту (Steckbrief) о Земфире.

в) Расскажите с помощью анкеты о ней.

2 Интервью с Земфирой

а) Найдите в Интернете дополнительную информацию о певице (её профессии, альбомы, ...).

б) Придумайте и разыграйте интервью с певицей. Используйте текст Б и информацию из а).

3 Без музыки скучно § 20 9

а) Посмотрите на картинки и скажите, что Лиза и Вера делают.

1

2

3

4

б) Прочитайте предложения. Какое предложение подходит к какой картинке?
Findet in den Sätzen die Adverbialpartizipien der Gleichzeitigkeit.

А) Вера и Лиза идут по улице, разговаривая о рок-концерте.

Б) Ужиная, Лиза читает «Топ 10» в молодёжном журнале.

В) Сидя в автобусе, Лиза думает о новой песне группы «Комиссар».

Г) Девушки готовят пиццу, слушая музыку.

Adverbialpartizip der Gleichzeitigkeit
- **Suffixe:** -**я**-/-**а**- (читáя/учáсь)
- **uv.** Verben: Handlung des Partizips **gleichzeitig** zur Haupthandlung
- deutsch:
  ★ Partizip I
  ★ Adverbialsatz („während"/„als"/„beim")
  ★ 2 Prädikate („und")

Alle Adverbialpartizipien sind **unveränderlich**!

в) Bestimmt in den Sätzen aus б) die Haupt- und Nebenhandlung. Перепишите и дополните таблицу.

Haupthandlung	**Nebenhandlung**
Лиза думает о новой песне группы «Комиссар» → Lisa ...	сидя в автобусе → während sie ...

г) Schreibt aus Text Б alle Sätze mit Adverbialpartizipien der Gleichzeitigkeit heraus und übersetzt sie.

4 «НЕБОМОРЕОБЛАКА»

а) Прочитайте название песни Земфиры «НЕБОМОРЕОБЛАКА».
Какие слова вы уже знаете?
Угадайте неизвестное слово и переведите название песни. 10

L 15 **б)** Прочитайте и послушайте песню Земфиры. (→ стр. 126)
Эта песня вам нравится или нет? Скажите, почему.

5 Музыкальная карьера Земфиры § 21 11

а) Sucht und übersetzt mithilfe des Merkzettels alle Sätze mit Adverbialpartizipien der Vorzeitigkeit in Text Б.

б) Прочитайте и переведите текст. Bestimmt, ob es sich um Adverbialpartizipien der Gleich- oder der Vorzeitigkeit handelt.

Adverbialpartizip der Vorzeitigkeit
- **Suffixe: -в-/-вш-** (написа́в/встре́тившись)
- **vo.** Verben: Handlung des Partizips **vor** Haupthandlung
- deutsch: ★ Partizip II
  ★ Adverbialsatz („nachdem"/„als")

Работая на радиостанции «Европа плюс Уфа», Земфира познакомилась со многими музыкантами. Написав много песен, она наконец смогла найти продю́сера и выступить на фестивале в Уфе. Слушая Земфиру на концерте, известный русский певец Илья Лагутенко влюбился в её музыку. Получив де́мо-кассе́ту с песнями Земфиры, он пригласил её в Москву. Работая вместе над альбомом, они стали хорошими друзьями.

6 Известные русские певцы § 22 12

Прочитайте тексты. Bestimmt Kasus und Genus der russischen Familiennamen.

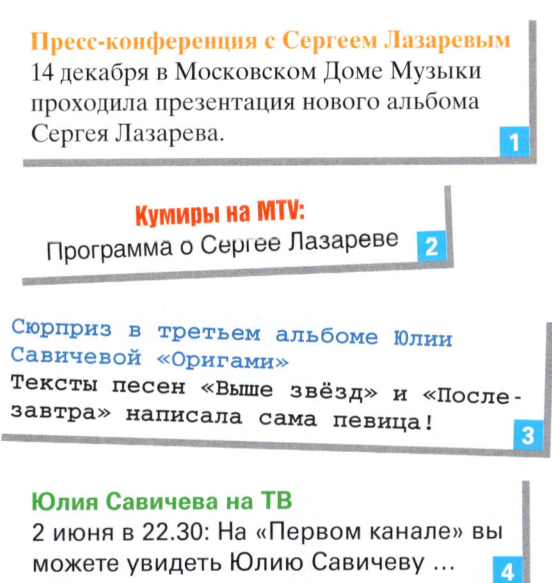

Пресс-конференция с Сергеем Лазаревым
14 декабря в Московском Доме Музыки проходила презентация нового альбома Сергея Лазарева. 1

Кумиры на MTV:
Программа о Сергее Лазареве 2

Сюрприз в третьем альбоме Юлии Савичевой «Оригами»
Тексты песен «Выше звёзд» и «Послезавтра» написала сама певица! 3

Юлия Савичева на ТВ
2 июня в 22.30: На «Первом канале» вы можете увидеть Юлию Савичеву … 4

7 Итоговое задание

Выберите задание А или Б.

А – Хит-пара́д	Б – Любимый певец/Любимая группа
Führt für eine Hitparade eine Umfrage zu den Lieblingsliedern eurer Mitschüler durch. Präsentiert dann die „Top 10". Verwendet Musikausschnitte, Illustrationen, Fotos u. a.	Stellt euren Lieblingsmusiker/eure Lieblingsband vor. Nennt dabei wichtige biographische Fakten. Begründet, warum ihr den Sänger/die Gruppe und deren Musik mögt. Nutzt Poster, Fotos, Musikausschnitte u. a.

Die Deklination der Substantive im Singular und Plural

	Singular								
	I. Deklination					II. Deklination			III. Deklination
	maskulin		neutral			feminin			feminin
	hart	weich	hart	weich		hart	weich		weich
	auf Konsonant	auf -ь, -й	auf -о	auf -е	auf -ие	auf -а	auf -я	auf -ия	auf -ь
Nom.	магази́н	музе́**й**	сло́в**о**	мо́р**е**	зда́н**ие**	газе́т**а**	неде́л**я**	фотогра́ф**ия**	пло́щад**ь**
Gen.	магази́н**а**	музе́**я**	сло́в**а**	мо́р**я**	зда́н**ия**	газе́т**ы**	неде́л**и**	фотогра́ф**ии**	пло́щад**и**
Dat.	магази́н**у**	музе́**ю**	сло́в**у**	мо́р**ю**	зда́н**ию**	газе́т**е**	неде́л**е**	фотогра́ф**ии**	пло́щад**и**
Akk.	магази́н[1]	музе́**й**[1]	сло́в**о**	мо́р**е**	зда́н**ие**	газе́т**у**	неде́л**ю**	фотогра́ф**ию**	пло́щад**ь**
Instr.	магази́н**ом**	музе́**ем**	сло́в**ом**	мо́р**ем**	зда́н**ием**	газе́т**ой**	неде́л**ей**	фотогра́ф**ией**	пло́щад**ью**
Präp.	(о) магази́н**е**	(о) музе́**е**	(о) сло́в**е**	(о) мо́р**е**	(о) зда́н**ии**	(о) газе́т**е**	(о) неде́л**е**	(о) фотогра́ф**ии**	(о) пло́щад**и**
	Plural								
Nom.	магази́н**ы**	музе́**и**	слов**а́**	мор**я́**	зда́н**ия**	газе́т**ы**	неде́л**и**	фотогра́ф**ии**	пло́щад**и**
Gen.	магази́н**ов**	музе́**ев**	слов	мор**е́й**	зда́н**ий**	газе́т	неде́л**ь**	фотогра́ф**ий**	площад**е́й**
Dat.	магази́н**ам**	музе́**ям**	слов**а́м**	мор**я́м**	зда́н**иям**	газе́т**ам**	неде́л**ям**	фотогра́ф**иям**	площад**я́м**
Akk.	магази́н**ы**[1]	музе́**и**[1]	слов**а́**	мор**я́**	зда́н**ия**	газе́т**ы**[1]	неде́л**и**[1]	фотогра́ф**ии**[1]	пло́щад**и**[1]
Instr.	магази́н**ами**	музе́**ями**	слов**а́ми**	мор**я́ми**	зда́н**иями**	газе́т**ами**	неде́л**ями**	фотогра́ф**иями**	площад**я́ми**
Präp.	(о) магази́н**ах**	(о) музе́**ях**	(о) слов**а́х**	(о) мор**я́х**	(о) зда́н**иях**	(о) газе́т**ах**	(о) неде́л**ях**	(о) фотогра́ф**иях**	(о) площад**я́х**

[1] Belebt: Akk. = Gen.

Besonderheiten der Bildung des Genitivs Plural				
	maskulin		neutral	feminin
	nach Zischlaut	nach -й	-о-/-е-Einschub	-о-/-е-Einschub
Nom. Sg.	каранда́ш	музе́**й**	окн**о́**, письм**о́**	откры́тк**а**
Gen. Pl.	карандаш**е́й**	музе́**ев**	о́к**о**н, пи́с**е**м	откры́т**о**к

Nach **Zischlaut** schreibe **и, у, а** und immer **и** nach **г, к, х**!

Nach **Zischlaut** oder **ц** statt unbetontem **о** sag **е**!

Die Deklination der Adjektive

	Singular					
	maskulin		neutral		feminin	
	hart	weich	hart	weich	hart	weich
Nom.	но́вый[1]	зи́мний	но́вое	зи́мнее	но́вая	зи́мняя
Gen.	но́вого	зи́мнего	но́вого	зи́мнего	но́вой	зи́мней
Dat.	но́вому	зи́мнему	но́вому	зи́мнему	но́вой	зи́мней
Akk.	Nom./Gen.[2]	Nom./Gen.[2]	но́вое	зи́мнее	но́вую	зи́мнюю
Instr.	но́вым[1]	зи́мним	но́вым[1]	зи́мним	но́вой	зи́мней
Präp.	(о) но́вом	(о) зи́мнем	(о) но́вом	(о) зи́мнем	(о) но́вой	(о) зи́мней
	Plural					
Nom.	но́вые[1]	зи́мние	но́вые[1]	зи́мние	но́вые[1]	зи́мние
Gen.	но́вых[1]	зи́мних	но́вых[1]	зи́мних	но́вых[1]	зи́мних
Dat.	но́вым[1]	зи́мним	но́вым[1]	зи́мним	но́вым[1]	зи́мним
Akk.	Nom./Gen.[2]	Nom./Gen.[2]	Nom./Gen.[2]	Nom./Gen.[2]	Nom./Gen.[2]	Nom./Gen.[2]
Instr.	но́выми[1]	зи́мними	но́выми[1]	зи́мними	но́выми[1]	зи́мними
Präp.	(о) но́вых[1]	(о) зи́мних	(о) но́вых[1]	(о) зи́мних	(о) но́вых[1]	(о) зи́мних

1 Nach г, к, х und Zischlauten steht -**и** (statt -**ы**).

2 Nom. vor unbelebten, Gen. vor belebten Substantiven.

Die Präpositionen (nach Kasus geordnet)

	Präposition		Beispiel
Gen.	**без**	ohne *(Sache, Person)*	Я пью чай **без** са́хар**а**. Он живёт **без** роди́тел**ей**.
	во вре́мя	während *(Zeit)*	**Во вре́мя** кани́кул я был у ба́бушки.
	для	für *(Sache, Person)*	Э́то пода́рок **для** ма́м**ы**. Э́то по́лка **для** книг.
	до	bis *(Ort, Zeit)*	Как дойти́ **до** вокза́л**а**? **До** у́жин**а** я чита́л кни́гу.
	из	aus *(Ort)*	Я **из** Берли́н**а**.
	кро́ме	außer *(Sache, Person)*	**Кро́ме тебя́** я здесь никого́ не зна́ю.
	напро́тив	gegenüber *(Ort)*	Музе́й нахо́дится **напро́тив** по́чт**ы**.
	о́коло	neben, bei *(Ort)*	Моя́ ко́мната нахо́дится **о́коло** ку́хн**и**.
	от	von *(Absender, Ort)*	Э́то письмо́ **от** Ко́л**и**. Стол стои́т спра́ва **от** окн**а́**.
	по́сле	nach *(Zeit)*	**По́сле** шко́л**ы** я отдыха́ю.
	про́тив	gegen *(Vorhaben, Ziel)*	Я **про́тив** экску́рс**ии**.
	с	von, ab, seit *(Ort, Zeit)*	По́езд отправля́ется **с** 1-**го** пут**и́**. Я уже́ жду **с** утр**а́**.
	у	bei *(Ort)*, haben	Я **у** Ми́ш**и**. **У** Ли́з**ы** есть брат.
Dat.	**к**	zu *(Richtung, Zeit)*	Я иду́ **к** врач**у́**. **К** у́жин**у** ма́ма гото́вит пюре́.
	по	in *(Fach)*, durch *(Ort)*	Э́то контро́льная **по** фи́зик**е**? Мы гуля́ем **по** па́рк**у**.
		...tags *(Zeit)*	**По** суббо́т**ам** и воскресе́нь**ям** мы обы́чно на да́че.
		nach, gemäß *(Art)*	По́езд из Берли́на прибу́дет **по** расписа́н**ию**.
Akk.	**в**	in, nach, am	Я иду́ **в** кино́. Я лечу́ **в** Ри́г**у**. **В** сре́д**у** пра́здник.
	за	für *(Gegenwert, Ziel)*	Я купи́л э́ту кни́гу **за** 20 рубле́й. Я **за** э́тот план.
	на	auf, in, zu *(Richtung)*	Я смотрю́ **на** го́ст**я**. Я иду́ **на** конце́рт/**на** по́чт**у**.
		um *(Differenz)*	По́езд опа́здывает **на** 20 мину́т.
		für *(Zeit)*	Он уе́хал в Москву́ **на** неде́л**ю**.
	по	je, jeweils	Я ка́ждый день игра́ю на скри́пке **по** два часа́.

Akk.	**чéрез**	über, durch *(Richtung)* nach, in *(Zeit)*	Мы идём **чéрез** ýлиц**у**/**чéрез** весь гóрод. Я получи́л письмó **чéрез** мéсяц. **Чéрез** час гóсти бýдут здесь.
Instr.	**за** **мéжду** **над** **пéред** **под** **ря́дом с** **с**	hinter, am *(Ort)* bei zwischen *(Ort, Zeit)* über *(Ort)*, am *(Inhalt)* vor *(Ort, Zeit)* unter *(Ort)* neben *(Ort)* mit *(gemeinsam)*	Кóшка лежи́т **за** крéсл**ом**. Я сижý **за** стол**óм**. **За** ýжин**ом** мы мнóго разговáриваем. В кинó я сижý **мéжду** брáт**ом** и сестр**óй**. Лáмпа виси́т **над** стол**óм**. Я рабóтаю **над** стать**ёй**. **Пéред** дóм**ом** сад. Мы встречáемся **пéред** урóк**ом**. Сýмка лежи́т **под** стол**óм**. **Ря́дом с** кýхн**ей** нахóдится столóвая. Я говорю́ **с** учи́тел**ем**.
Präp.	**в** **на** **при** **о**	in, im *(Ort, Zeit)* auf, in, im *(Ort)* unter, zur Zeit von über, von *(Inhalt)*	Я живý **в** гóрод**е**. **В** мá**е** экскýрсия. Журнáл лежи́т **на** стол**é**. Я живý **на** э́той ýлиц**е**. Он жил при Петр**é** Пéрв**ом**. Мы говори́м **о** Москв**é**.

Satzverknüpfungen und Konjunktionen

Konjunktion	deutsch	Beispiel
а	und; aber	Он лю́бит рок, а онá поп-мýзыку.
éсли …, (то)	wenn …, (dann)	Éсли ты хóчешь, (то) я могý пойти́ с тобóй.
и	und; auch	Купи́ кóфе и сок. Концéрт бýдет и у нас в гóроде.
и …, и	sowohl … als auch	И Пéтя, и Мáша бы́ли ужé на э́том фи́льме.
и́ли	oder	Мы идём на дискотéку и́ли в кинó?
и́ли …, и́ли	entweder … oder	Решáй, и́ли ты пи́шешь реферáт, и́ли дéлаешь презентáцию.
когдá	wenn, als	Когдá ты придёшь, я сдéлаю ýжин.
ни …, ни	weder … noch	Они́ не умéют ни писáть, ни читáть по-рýсски.
но	aber; sondern	Сáша хотéл купи́ть билéт, но у негó нé было дéнег.
не тóлько …, но и	nicht nur …, sondern auch	Я говорю́ не тóлько по-рýсски, но и по-турéцки.
пóсле э́того	danach	Сначáла мы посети́ли вы́ставку. Пóсле э́того мы пошли́ в кафé.
пóсле тогó, как	nachdem	Пóсле тогó, как мы посети́ли вы́ставку, мы пошли́ в кафé.
потомý что	da, weil	У меня́ бы́ли интерéсные кани́кулы, потомý что я отдыхáл с друзья́ми в лáгере.
поэ́тому	deshalb, deswegen	Я не люблю́ писáть, поэ́тому я всегдá звоню́.
хотя́	obwohl	Я включи́л(а) свет, хотя бы́ло светлó.
чем	als *(Vergleich)*	Виногрáд дорóже, чем я́блоки.
чтóбы *(+ Inf.)*	um zu	Он учáствует в áкции, чтóбы помóчь живóтным.
чтóбы *(+ Prät.)*	damit; dass	Роди́тели купи́ли мне моби́льник, чтóбы я им звони́л во врéмя кани́кул. Он хóчет, чтóбы Áнна пришлá.

Häufig auftretende Verben

Wenn ihr ein gesuchtes Verb in der Liste nicht findet,
– ersetzt die Vorsilbe (закрыть → открыть, перевести → провести)
– oder lasst die Vorsilbe bzw. die Reflexivendung weg (убрать → брать, начаться → начать).

Infinitiv und Konjugation (я, ты, они)	Präteritum	Imperativ	deutsch
боя́ться *(uv.)*, боюсь, бои́шься, боя́тся	боя́лся, -лась, -лось, -лись	бо́йся	Angst haben
брать *(uv.)*, беру́, берёшь, беру́т	брал, -а́, -о, -и	бери́	nehmen
быть *(uv.)*, 1. *nur 3. Pers. Sg.*: есть 2. бу́ду, бу́дешь, бу́дут	был, -а́, -о, -и	будь	1. sein 2. werden
взять *(vo.)*, возьму́, возьмёшь, возьму́т	взял, -а́, -о, -и	возьми́	nehmen
встава́ть *(uv.)*, встаю́, встаёшь, встаю́т	встава́л, -а, -о, -и	встава́й	aufstehen
встре́тить *(vo.)*, встре́чу, встре́тишь, встре́тят	встре́тил, -а, -о, -и	встреть	treffen
вы́бросить *(vo.)*, вы́брошу, вы́бросишь, вы́бросят	вы́бросил, -а, -о, -и	вы́броси	hinauswerfen, wegwerfen
вы́глядеть *(uv.)*, вы́гляжу, вы́глядишь, вы́глядят	вы́глядел, -а, -о, -и	*ungebr.*	aussehen
дава́ть *(uv.)*, даю́, даёшь, даю́т	дава́л, -а, -о, -и	дава́й	geben
дать *(vo.)*, дам, дашь, даст, дади́м, дади́те, даду́т	дал, -а́, да́ло, да́ли	дай	geben
держа́ть *(uv.)*, держу́, де́ржишь, де́ржат	держа́л, -а, -о, -и	держи́	halten
заказа́ть *(vo.)*, закажу́, зака́жешь, зака́жут	заказа́л, -а, -о, -и	закажи́	bestellen
есть *(uv.)*, ем, ешь, ест, еди́м, еди́те, едя́т	ел, -а, -о, -и	ешь	essen
е́хать *(uv.)*, е́ду, е́дешь, е́дут	е́хал, -а, -о, -и	поезжа́й	fahren
ждать *(uv.)*, жду́, ждёшь, жду́т	ждал, -а́, -о, -и	жди́	warten (auf), erwarten
жить *(uv.)*, живу́, живёшь, живу́т	жил, -а́, -о, -и	живи́	wohnen, leben
идти́ *(uv.)*, иду́, идёшь, иду́т	шёл, шла, шло, шли	иди́	gehen
иска́ть *(uv.)*, ищу́, и́щешь, и́щут	иска́л, -а, -о, -и	ищи́	suchen
купи́ть *(vo.)*, куплю́, ку́пишь, ку́пят	купи́л, -а, -о, -и	купи́	kaufen
лете́ть *(uv.)*, лечу́, лети́шь, летя́т	лете́л, -а, -о, -и	лети́	fliegen
мочь *(uv.)*, могу́, мо́жешь, мо́гут	мог, могла́, -о́, -и́	*ungebr.*	können
наде́ть *(vo.)*, наде́ну, наде́нешь, наде́нут	наде́л, -а, -о, -и	наде́нь	anziehen
нача́ть *(vo.)*, начну́, начнёшь, начну́т	на́чал, -а́, -о, -и	начни́	anfangen, beginnen
откры́ть *(vo.)*, откро́ю, откро́ешь, откро́ют	откры́л, -а, -о, -и	откро́й	öffnen; einweihen
отнести́сь *(vo.)*, отнесу́сь, отнесёшься, отнесу́тся	отнёсся, отнесла́сь, -ло́сь, -ли́сь	отнеси́сь	sich verhalten; Einstellung haben (zu)
петь *(uv.)*, пою́, поёшь, пою́т	пел, -а, -о, -и	пой	singen
печь *(uv.)*, пеку́, печёшь, пеку́т	пёк, пекла́, -о́, -и́	пеки́	backen

Infinitiv und Konjugation (я, ты, они)	Präteritum	Imperativ	deutsch
пить *(uv.)*, пью, пьёшь, пьют	пил, -á, -о, -и	пей	trinken
плыть *(uv.)*, плывý, плывёшь, плывýт	плыл, -á, -о, -и	плыви́	schwimmen
получи́ть *(vo.)*, получý, полýчишь, полýчат	получи́л, -а, -о, -и	получи́	erhalten, bekommen
помóчь *(vo.)*, помогý, помóжешь, помóгут	помóг, помоглá, -ó, -и́	помоги́	helfen
поня́ть *(vo.)*, поймý, поймёшь, поймýт	пóнял, -á, -о, -и	пойми́	verstehen
перевезти́ *(vo.)*, перевезý, перевезёшь, перевезýт	перевёз, перевезлá, -лó, -ли́	перевези́	transportieren, bringen
прибы́ть *(vo.)*, прибýду, прибýдешь, прибýдут	при́был, -á, -о, -и	прибýдь	ankommen
пригласи́ть *(vo.)*, приглашý, пригласи́шь, приглася́т	пригласи́л, -а, -о, -и	пригласи́	einladen
прийти́ *(vo.)*, придý, придёшь, придýт	пришёл, -шлá, -шлó, -шли́	приди́	(an)kommen
приноси́ть *(uv.)*, приношý, прынóсишь, принóсят	приноси́л, -а, -о, -и	приноси́	bringen
принести́ *(vo.)*, принесý, принесёшь, принесýт	принёс, -неслá, -ó, -и́	принеси́	bringen
приня́ть *(vo.)*, примý, при́мешь, при́мут	при́нял, -á, -о, -и	прими́	(ein)nehmen
прислá ть *(vo.)*, пришлю́, пришлёшь, пришлю́т	прислáл, -а, -о, -и	пришли́	schicken, senden
провести́ *(vo.)*, проведý, проведёшь, проведýт	провёл, провелá, -ó, -и́	проведи́	verbringen, durchführen
произойти́ *(vo.)*, *nur 3. Pers.*: произойдёт, произойдýт	произошёл, -шлá, -шлó, -шли́	–	geschehen, sich abspielen
проснýться *(vo.)*, проснýсь, проснёшься, проснýтся	проснýлся, -лась, -лось, -лись	просни́сь	aufwachen
сказáть *(vo.)*, скажý, скáжешь, скáжут	сказáл, -а, -о, -и	скажи́	sagen
смея́ться *(uv.)*, смеюсь, смеёшься, смеются	смея́лся, смея́лась, -лось, -лись	смéйся	lachen
стать *(vo.)*, стáну, стáнешь, стáнут	стал, -а, -о, -и	стань	werden
стóить *(uv.)*, *nur 3. Pers.*: стóит, стóят	стóил, -а, -о, -и	–	kosten
стоя́ть *(uv.)*, стою, стоишь, стоя́т	стоя́л, -а, -о, -и	стой	stehen
уби́ть *(vo.)*, убью, убьёшь, убью́т	уби́л, -а, -о, -и	убéй	umbringen
увлéчься *(vo.)*, увлекýсь, увлечёшься, увлекýтся	увлёкся, увлеклáсь, -лóсь, -ли́сь	увлеки́сь	sich begeistern (für)
узнавáть *(uv.)*, узнаю, узнаёшь, узнают	узнавáл, -а, -о, -и	узнавáй	erfahren; erkennen
умерéть *(vo.)*, умрý, умрёшь, умрýт	ýмер, умерлá, -ло, -ли	умри́	sterben
упáсть *(vo.)*, упадý, упадёшь, упадýт	упáл, -а, -о, -и	упади́	fallen
ходи́ть *(uv.)*, хожý, хóдишь, хóдят	ходи́л, -а, -о, -и	ходи́	gehen
хотéть *(uv.)*, хочý, хóчешь, хóчет, хоти́м, хоти́те, хотя́т	хотéл, -а, -о, -и	*ungebr.*	wollen

Die Grundzahlen

1	оди́н[1]	13	трина́дцать	50	пятьдеся́т	400	четы́реста
2	два[2]	14	четы́рнадцать	60	шестьдеся́т	500	пятьсо́т
3	три	15	пятна́дцать	70	се́мьдесят	600	шестьсо́т
4	четы́ре	16	шестна́дцать	80	во́семьдесят	700	семьсо́т
5	пять	17	семна́дцать	90	девяно́сто	800	восемьсо́т
6	шесть	18	восемна́дцать	100	сто	900	девятьсо́т
7	семь	19	девятна́дцать	101	сто оди́н[1]	1 000	(одна́) ты́сяча
8	во́семь	20	два́дцать	110	сто де́сять	1 000 000	(оди́н) миллио́н
9	де́вять	21	два́дцать оди́н[1]	199	сто девяно́сто де́вять	2 502 224	два миллио́на пятьсо́т две ты́сячи две́сти два́дцать четы́ре
10	де́сять	22	два́дцать два[2]				
11	оди́ннадцать	30	три́дцать	200	две́сти		
12	двена́дцать	40	со́рок	300	три́ста		

[1] Je nach Genus des Bezugsworts gebrauche **оди́н** (теа́тр), **одно́** (я́блоко), **одна́** (буты́лка).
[2] Vor Maskulina und Neutra **два**, vor Feminina **две**.

Die Rektion der Grundzahlen		
1 + Nom. Sg.	**2, 3, 4 + Gen. Sg.**	**5–20 + Gen. Pl.**
оди́н учени́к	два ученика́	пять ученико́в
одно́ сло́во	два сло́ва	де́сять слов
одна́ газе́та	две газе́ты	сто газе́т

Bei zusammengesetzten Zahlwörtern ab 21 richten sich Numerus und Kasus des Substantivs nach dem **letzten Wort**, z. B. 191 книга.

Die Ordnungszahlen

1.	пе́рвый[1]	12.	двена́дцатый	23.	два́дцать тре́тий[2]
2.	второ́й	13.	трина́дцатый	30.	тридца́тый
3.	тре́тий[2]	14.	четы́рнадцатый	31.	три́дцать пе́рвый
4.	четвёртый	15.	пятна́дцатый	40.	сороково́й
5.	пя́тый	16.	шестна́дцатый	50.	пятидеся́тый
6.	шесто́й	17.	семна́дцатый	60.	шестидеся́тый
7.	седьмо́й	18.	восемна́дцатый	70.	семидеся́тый
8.	восьмо́й	19.	девятна́дцатый	80.	восьмидеся́тый
9.	девя́тый	20.	двадца́тый	90.	девяно́стый
10.	деся́тый	21.	два́дцать пе́рвый	100.	со́тый
11.	оди́ннадцатый	22.	два́дцать второ́й	2 000.	двухты́сячный

[1] Endungen wie bei Adjektiven **-ый** (betont **-о́й**), **-ое**, **-ая**, **-ые**.
[2] Beachte die Sonderformen трет**ий**, тре́т**ье**, тре́т**ья**, тре́т**ьи**.

ТРКИ 1

1
1. в) экскурсия
2. б) после обеда
3. а) на практику
4. б) в пятницу
5. в) В актовом зале
6. б) в универмаге
7. в) в кино
8. а) в школе
9. в) отдыхают
10. а) знакомятся с центром столицы
11. в) балет
12. б) в Суздаль

3
1. б) это самое важное для молодёжи
2. б) можно сделать любимое дело профессией
3. а) есть ребята, которые не знают, какую профессию им выбрать
4. в) бабушка Оксаны
5. в) юриста
6. а) она хочет защищать интересы людей

ТРКИ 2

1
1. подготовиться
2. этого экзамена
3. события
4. никому
5. хорошо
6. всех
7. и
8. историком
9. но
10. а
11. что
12. чтобы

Мы повторяем 1

1 Asso: книги/лесе/комнате/полке(полках)/книги/журналов/школы/компьютере/Интернете/информацию/книг/уроков/время/игры/Интернете/друзьями/городов/России/стран/жизнь/телевизора/компьютера
UmNick: мнением/книг/странах/истории/людях/жизни/успехах/проблемах/друзьям/книгах/друзей/компьютером/Интернетом/минута/книгу/автобусе/метро

2 весёлым/симпатичным/среднего/спортивный/голубые/длинные/светлые/самую модную/необычный/зимними/своём быстром/современную/школьной/музыкальной/иностранными/своему лучшему/английским/свободное/московских/интересные

3 а)
1. Нет, это не Кристина.
2. Нет, она не говорит по-русски.
3. … она не знает это слово …
4. … не умеет ни читать, ни писать по-русски.
5. … у Кристины нет младшего брата.
6. … в её комнате нет телевизора.
7. … Кристина не дружит с Наташей.
8. … она не знает ничего о …

б)
1. У нас нет никого в гостях.
2. Мы ни у кого не были сегодня …
3. Мы ни с кем не разговаривали об …
4. Мы никому ещё не звонили.
5. Мы ему ничего не рассказали.
6. Наташа ни о чём не спрашивала.

4 а) Первая муха находится за лампой. Вторая … над окном. Третья … на окне. Четвёртая … под кроватью. Пятая … на телевизоре. Шестая … напротив кошки. Седьмая … в чашке. Восьмая … перед тарелкой. Девятая … рядом с ложкой. Десятая … под стулом.

б) В доме Бабы-Яги 10 мух.

5 а) идёт – Bewegung in nur einer Richtung (in den Laden)
ходит (3x) – wiederholte Bewegung hin und zurück
б) плавает – Bewegung in verschiedenen Richtungen (herumschwimmen)
плавать – Fähigkeit
в) едет/ехали – Bewegung in nur einer Richtung (als das Auto gestoppt wurde)
езжу – Fähigkeit
ездила – einmalige Bewegung hin und zurück
еду – Bewegung in nur einer Richtung (nach Hause)

6 а) – Ваши соседи уже уехали? / – Нет, они уедут только в конце недели. /
– Они всегда уезжают в конце недели? / – Да, они обычно уезжают в конце недели.
б) – Твои друзья уже пришли? / – Нет, они придут только вечером. /
– Они всегда приходят вечером? / – Да, они обычно приходят вечером.
в) – Твой папа уже ушёл на работу? / – Нет, он уйдёт на работу только в 9 часов. /
– Он всегда уходит в 9 часов? / – Да, он обычно уходит в 9 часов.
г) – Учитель уже вошёл в класс? / – Нет, он войдёт в класс после звонка. /
– Он всегда входит в класс после звонка? / – Да, он обычно входит после звонка.
д) – Самолёт в Омск уже вылетел? / – Нет, он вылетит в 12 часов. /
– Он всегда вылетает в 12 часов? / – Да, он обычно вылетает в 12 часов.
е) – Лена уже вышла из автобуса? / – Нет, она выйдет из автобуса на улице Мира. /
– Она всегда выходит на улице Мира? / – Да, она обычно выходит на улице Мира.

Мы повторяем 2

1 а) гимназию/школы/историей/литературой/театром/журналистом/учителем/
историком/роли/театре/фильмах/сцене/телевидению (→ актёр)
б) Наташе/людьми/странам/языками/обмене/странами/году/Америку/работе/воздухе/
пассажирам/проблемах/желаниях/языках (→ стюардесса)
в) историей/географией/географию/историю/страны/одноклассников/школы/людьми/
городов/стран/туристам/памятники/музеи/достопримечательности/событиях/истории/
родины/жизни/людей (→ гид)

2 а) 1. хорошо / 2. прекрасно / 3. весело / 4. по-немецки / 5. свободно
б) 1. Коля … **хорошо** фотографировать. … **хорошим** фотографом.
2. Таня **прекрасная** певица. … **прекрасно** играет на гитаре.
3. Этого **весёлого** парня … Вчера он **весело** рассказывал …
4. … для **немецкой** газеты. Он пишет о России **по-немецки**.
5. Даша **свободно** говорит … Когда у неё есть **свободное** время …

3 а) 1. Ты прав(а), он один из самых успешных футболистов в России.
2. ... он один из самых старых домов в городе.
3. ... она одна из самых талантливых спортсменок в нашей школе.
4. ... она одна из самых длинных железных дорог в мире.
5. ... он один из самых больших городов в Сибири.
6. ... он один из самых знаменитых русских композиторов.
7. ... она одна из самых высоких гор в России.
8. ... он один из самых известных певцов в России.

б) 1. По-моему, он даже успешнее всех.
2. ... он даже старше всех.
3. ... она талантливее всех.
4. ... она длиннее всех.
5. ... он больше всех.
6. ... он знаменитее всех.
7. ... она выше всех.
8. ... он известнее всех.

4 а) 1. едим/ем/ест/едят/ешь
2. пью/пьёт/пьют/пьёшь
3. закажу/закажут/закажет/закажешь
4. возьму/возьмёт/возьмут/возьмёшь

б) 1. есть 2. пить 3. заказать 4. взять

5 а) Да, но они уже уехали.
б) Да, но они уже вышли.
в) Да, но она уже улетела.
г) Да, но он уже ушёл.
д) Да, но они уже выехали.
е) Да, но она уже уехала.

6 а) 1. А **весной** они летят на север.
2. А в **следующем** году мы едем во Владивосток.
3. А **летом** я люблю кататься на скейтборде.
4. А **по вечерам** он обычно читает романы.
5. А **после** концерта я встречусь с Таней.
6. А **через** год он едет во Францию.
7. А на **прошлой** неделе они ходили в музей.
8. А **ночью** он летит в Киев.

б) 1. Великий русский писатель А. П. Чехов родился в тысяча восемьсот шестидесятом году, а умер в тысяча девятьсот четвёртом году.
2. ... двадцать пятого апреля тысяча восемьсот сорокового года, ... двадцать пятого октября тысяча восемьсот девяносто третьего года.
3. ... в тысяча восемьсот тридцать втором году, ... в тысяча восемьсот девяносто восьмом году.
4. ... двадцать седьмого января тысяча восемьсот тридцать четвёртого года, ... двадцатого января тысяча девятьсот седьмого года.
5. ... девятнадцатого октября тысяча восемьсот девяносто второго года, ... двадцать четвёртого марта тысяча девятьсот сорок шестого года.

Лексика к урокам – Lektionsbegleitendes Vokabular

Das lektionsbegleitende Vokabular hilft dir beim selbstständigen Lernen der neuen Wörter. In der linken Spalte stehen die obligatorischen[1] (fett gedruckt) und rezeptiven[2] (nicht fett gedruckt) Wörter in der Reihenfolge, in der sie in der Lektion vorkommen.

Zu vielen Wörtern gibt es blau gedruckte Beispielsätze, mit denen du die Vokabeln im Zusammenhang lernen kannst.

Zusätzlich gibt es in jedem Lektionsteil grüne Kästen, mit deren Wörtern du deinen persönlichen Wortschatz (Мой ли́чный слова́рь) erweitern und ordnen kannst.
Die Kästen mit der Überschrift Интернационали́змы enthalten Wörter, die leicht verständlich sind, weil du sie aus deiner Erstsprache oder aus anderen Sprachen ableiten kannst. Wenn du für die Wörter, die nicht übersetzt sind, Hilfe brauchst, kannst du auf Seite 94 nachschlagen.
In den Kästen mit der Überschrift Те́ма findest du Wörter, die du lernen musst (fett gedruckt), thematisch zusammengefasst. Außerdem bieten sie dir einen Auswahlwortschatz (nicht fett gedruckt) für persönliche Äußerungen.

Am Ende des Vokabulars findest du noch ein kleines Wörterbuch mit der Übersetzung der Lieder, der geografischen Bezeichnungen sowie bekannten Personen, die im Lehrbuch vorkommen.

Abkürzungen und Symbole

m.	maskulin (männlich)	*uv.*	unvollendeter Aspekt
n.	neutral (sächlich)	*vo.*	vollendeter Aspekt
f.	feminin (weiblich)	*best.*	bestimmt
Sg.	Singular	*unbest.*	unbestimmt
Pl.	Plural	*Imp.*	Imperativ
Nom.	Nominativ	*Dim.*	Diminutiv (Verkleinerungsform)
Gen.	Genitiv	*Pers.*	Person
Dat.	Dativ	*ugs.*	umgangssprachlich
Akk.	Akkusativ	*unpers.*	unpersönlich
Instr.	Instrumental	*indekl.*	indeklinabel (nicht deklinierbar)
Präp.	Präpositiv	*wörtl.*	wörtlich
Adv.	Adverb		
Subst.	Substantiv		

= Synonym ≠ Antonym > Wortfamilie

1 **obligatorisch** Wörter, die du lernen musst – 2 **rezeptiv** Wörter, die du verstehen musst

Урóк 1

Старт: В гостя́х у шкóлы-партнёра

 **Мой ли́чный словáрь**

Интернационали́змы

контáкт

фонд – Stiftung

шкóла-партнёр	Partnerschule
за *(+ Instr.)*	bei, an
сидéть за столóм	am Tisch sitzen
за ýжином	beim Abendessen
код	*hier:* Türcode
надевáть/надéть	anziehen
надéну, надéнешь, надéнут	
Надéнь пальтó, на ýлице хóлодно.	Zieh den Mantel an, draußen ist es kalt.
тáпочки *Pl.; Gen. Pl.* **тáпочек**	Pantoffeln, Hausschuhe
проéкт [-аэ́-]	Projekt
господи́н; *Nom. Pl.* **господá**	Herr *(Anrede)*
друг дрýга	einander
Мы кáждый год éздим друг к дрýгу.	Wir fahren jedes Jahr zueinander.
общáться *(с + Instr.)*	in Verbindung/Kontakt stehen (mit), kommunizieren; Zeit verbringen (mit)
рабóтать *(над + Instr.)*	arbeiten (an)
проходи́ть/пройти́ прáктику	Praktikum absolvieren
фи́рма	Firma
ю́жный	südlich, Süd-
глухонемóй	taubstumm
тáнец; *Gen.* тáнца	Tanz

Текст А: Привéт из Росси́и!

проводи́ть	verbringen; durchführen
провожý, провóдишь, провóдят/	
провести́	
проведý, проведёшь, проведýт; *Prät.* провёл, -велá, -велó, -вели́	
проводи́ть кани́кулы/ экскýрсию	die Ferien verbringen/ eine Exkursion durchführen
и́ли ..., и́ли	entweder ... oder
продавáться *nur uv.*	verkauft werden
он/онá/онó продаётся, они́ продаю́тся	
рисовáть/нарисовáть	zeichnen
портрéт	Porträt
ужáсный	schrecklich, furchtbar
спеши́ть/поспеши́ть	eilen; es eilig haben
свой, своя́, своё, свои́	*reflexives Possessivpronomen*
Я люблю́ свой моби́льник.	Ich mag mein Handy.
стáнция	Station
мышь *f.*	Maus
всё-таки	dennoch, trotzdem
ую́тный	gemütlich
дружи́ть *(с + Instr.)*	befreundet sein (mit)
С кем ты дýжишь?	Mit wem bist du befreundet?
> друг/подрýга	> Freund(in)
хотя́	obwohl
рáньше	früher
никогдá	nie(mals)
и ..., и	sowohl ... als auch
учёный	Wissenschaftler(in)
> учи́ть(ся)	> lernen
экзáмен	Prüfung, Examen
На экзáмене я получи́л(а) трóйку.	In der Prüfung habe ich eine Drei bekommen.
никудá	nirgendwohin
ни ..., ни	weder ... noch

Упражнéния А

Мой ли́чный словáрь

Интернационали́змы

реáкция, инститýт, экспери́мéнт, сигнáл

Нóбелевская прéмия – Nobelpreis

оди́н, однá, однó, одни́	*hier:* allein
Онá живёт однá.	Sie lebt allein.
кот; *Gen.* **котá**	Kater
> кóшка	> Katze
бездóмный	obdachlos
бездóмная собáка	herrenloser Hund
нигдé	nirgends

Текст Б: Похо́д с ку́рицей

 **Мой ли́чный слова́рь**

Интернационали́змы

GPS [джипиэ́с], блог

похо́д	Ausflug
идти́ в похо́д	einen Ausflug machen
многоэта́жный дом	Hochhaus
похо́жий	ähnlich
доро́га	Weg
поду́мать *vo.*	denken
> ду́мать *uv.*	
просыпа́ться/ просну́ться	aufwachen
просну́сь, проснёшься, просну́тся	
за́пах	Geruch
я́ичница	Rührei
> яйцо́	> Ei
сыр	Käse
тако́й	solch ein, so ein
У неё тако́й кла́ссный моби́льник.	Sie hat so ein tolles Handy.
ничто́ (ничего́)	nichts
собира́ть/собра́ть	*hier:* packen
соберу́, соберёшь, соберу́т	
ко́мпас	Kompass
заче́м	wozu
никако́й	kein(erlei)
У меня́ нет никаки́х пробле́м.	Ich habe keine Probleme.
ску́чный [-шн-]	langweilig
ти́хий	still, leise
≠ гро́мкий	≠ laut
лиса́	Fuchs
случа́ться/случи́ться	passieren, geschehen
кро́ме *(+ Gen.)*	außer
никто́	niemand
Здесь никого́ нет.	Hier ist niemand.
поза́втракать *vo.*	frühstücken
> за́втракать *uv.*	
представля́ть/ предста́вить себе́	sich etw. vorstellen
Предста́вь себе́ шко́лу без оце́нок.	Stell dir eine Schule ohne Noten vor.
что тако́е	was ist (das)
Что тако́е GPS?	GPS – was ist das?

Упражне́ния Б

ситуа́ция	Situation
вопро́с	Frage
зна́чит	bedeutet, heißt
Что зна́чит «кро́ме»?	Was heißt «кроме»?
ме́дленный	langsam
ме́дленнее	langsamer
гро́мче	lauter
> гро́мкий	> laut
други́ми слова́ми	mit anderen Worten
отчёт	Bericht
по́сле того́, как	nachdem
пообе́дать *vo.*	Mittag essen
> обе́дать *uv.*	

Уро́к 2

Старт: СМИ в на́шей жи́зни

Мой ли́чный слова́рь

Те́ма: Фи́льмы и переда́чи

детекти́в – Krimi
документа́льный фильм – Dokumentarfilm
дра́ма – Drama
коме́дия – Komödie
мультфи́льм – Zeichentrickfilm
переда́ча – Sendung
реа́лити-шо́у *n., indekl.* – Reality-Show
(теле)сериа́л – (TV-)Serie
ток-шо́у *n., indekl.* – Talk-Show
три́ллер – Thriller
фантасти́ческий фильм – Science-Fiction-Film
худо́жественный фильм – Spielfilm

СМИ (сре́дства ма́ссовой информа́ции)	(Massen-)Medien
по́льзоваться *(+ Instr.)*	(be)nutzen
Моя́ ба́бушка не по́льзуется моби́льником.	Meine Oma benutzt kein Handy.
DVD [дивиди́]	DVD
молодёжный	Jugend-
> молодёжь	> Jugend
тележурна́л	Fernsehzeitung
телепрогра́мма	Fernsehprogramm
вид	Art
вид спо́рта	Sportart
поли́тика	Politik

идти́	*hier:* kommen, laufen
Что сего́дня идёт по телеви́зору?	Was kommt heute im Fernsehen?

Текст А: Наш люби́мый «друг»?!

Мой ли́чный слова́рь

Интернационали́змы

ге́ний, колле́га *m./f.*

сто́лько *(+ Gen.)*	so viel(e)
замеча́тельный	hervorragend, ausgezeichnet
веду́щий/веду́щая	Moderator(in)
ребёнок; *Gen.* **ребёнка**, *Nom. Pl.* **де́ти**	Kind
переста́ть *vo.*	aufhören
пульт	Fernbedienung
щёлкать пу́льтом *uv.*	zappen
(мне) хо́чется	(ich) möchte/würde gern
включа́ть/включи́ть	einschalten
смотре́ть телеви́зор	fernsehen
вообще́	überhaupt
что́бы *(+ Prät.)*	damit; dass
Я хочу́, что́бы он мне позвони́л.	Ich möchte, dass er mich anruft.
непоня́тный	unverständlich
ве́рить/пове́рить *(в + Akk.)*	glauben (an)
Я ве́рю в тебя́.	Ich glaube an dich.
пла́зма	Flachbild-Fernseher
смея́ться *(***над** *+ Instr.)*	(aus)lachen
смею́сь, смеёшься, смею́тся	
А́нна смеётся на́до мной.	Anna lacht mich aus.
телеви́дение	Fernsehen
иска́ть *uv.*	suchen
ищу́, и́щешь, и́щут	
о́тпуск	Urlaub

Упражне́ния А

выключа́ть/вы́ключить	ausschalten
что	*hier:* dass
проси́ть	bitten
прошу́, про́сишь, про́сят/ **попроси́ть**	
статья́; *Gen. Pl.* **стате́й**	Artikel
диску́ссия	Diskussion
счита́ть	meinen
по-тво́ему	deiner Meinung nach
по-ва́шему	eurer/Ihrer Meinung nach
абсолю́тный	absolut
прав, -á, -о, -ы	recht haben
Ти́на абсолю́тно права́.	Tina hat absolut recht.
мне́ние	Meinung
увлека́ться/увле́чься *(+ Instr.)*	sich begeistern (für)
увлеку́сь, увлечёшься, увлеку́тся; *Prät.* увлёкся, увлекла́сь, -ло́сь, -ли́сь	
скача́ть	herunterladen, downloaden
ноутбу́к	Notebook
шпарга́лка	Spickzettel
калькуля́тор	Taschenrechner
забира́ть	wegnehmen

Текст Б: На како́й фильм пойти́?

Мой ли́чный слова́рь

Интернационали́змы

мелодра́ма, социа́льный

де́йствие	Handlung
происходи́ть/ произойти́	geschehen, sich abspielen
Prät. произошёл, -шла́, -шло́, -шли́	
Де́йствие происхо́дит в Москве́.	Die Handlung spielt in Moskau.
бога́тый	reich
умира́ть/умере́ть	sterben
умру́, умрёшь, умру́т; *Prät.* у́мер, умерла́, у́мерло, у́мерли	
с тех пор	seither, seitdem
больно́й	krank
> боле́ть	> weh tun, schmerzen
одино́кий	einsam
влюбля́ться/ влюби́ться *(***в** *+ Akk.)*	sich verlieben (in)
счастли́вый	glücklich
> сча́стье	> Glück
обита́емый	bewohnt
геро́й/геро́иня	Held(in)
гла́вный геро́й/ гла́вная герои́ня	Hauptperson
одна́жды	eines Tages

случа́йный	zufällig
находи́ть *uv.*	finden
> найти́ *vo.*	
век; *Nom. Pl.* **века́**	Jahrhundert
война́; *Nom. Pl.* **во́йны**	Krieg

Упражне́ния Б

Мой ли́чный слова́рь

Интернационали́змы

жанр, фэ́нтези

зри́тель *m.*	Zuschauer
кадр	Bild, Filmszene
год вы́хода	Erscheinungsjahr
режиссёр	Regisseur
рома́н	Roman
расска́з	Erzählung
> расска́зывать/расска́за́ть	> erzählen
ска́зка	Märchen
популя́рный	beliebt
а́втор	Autor(in)
мал, -á, -ó, -ы́	zu klein
вели́к, -á, -ó, -и́	zu groß
писа́тель/писа́тельница	Schriftsteller(in)
> писа́ть/написа́ть	> schreiben
выходи́ть/вы́йти	*hier:* herauskommen, erscheinen
сто́ить	*hier:* sich lohnen
Сто́ит посмотре́ть э́тот фильм.	Es lohnt sich, diesen Film anzuschauen.

Уро́к 3

Старт: Пла́ны на бу́дущее

Мой ли́чный слова́рь

Интернационали́змы

тест, клип, реали́ст

ора́нжевый – orange

бу́дущее *Subst. n.*	Zukunft
в бу́дущем	in der Zukunft
выбира́ть/вы́брать	(aus)wählen
вы́беру, вы́берешь, вы́берут	
> вы́бор	> Auswahl
сам, -á, -ó, -и	selbst
Вы э́то са́ми сде́лали?	Habt ihr das selbst gemacht?
зага́дка	Rätsel
приду́мывать/приду́мать	sich ausdenken
серьёзный	ernst
наза́д	vor *(zeitl.)*
год наза́д	vor einem Jahr
интересова́ть	interessieren
Профе́ссия врача́ меня интересу́ет.	Der Arztberuf interessiert mich.
ре́йтинг	Hitliste
рабо́та на кани́кулах	Ferienjob
станови́ться	werden
становлю́сь, стано́вишься, стано́вятся/	
стать *(+ Instr.)*	
ста́ну, ста́нешь, ста́нут	
Я хочу́ стать пило́том.	Ich will Pilot werden.
мечта́	Traum
> мечта́ть (о)	> träumen (von)
те́хника	Technik
креати́вный	kreativ

Мой ли́чный слова́рь

Те́ма: Профе́ссии (1)

бизнесме́н – Geschäftsmann
ветерина́р – Tierarzt(-ärztin)
гео́лог – Geologe(-in); **курье́р** – Kurier
медбра́т/медсестра́ – Krankenpfleger/-schwester
ме́неджер – Manager(in); **моде́ль** *f.* – Model
перево́дчик/перево́дчица – Übersetzer(in)
пило́т – Pilot(in)
программи́ст – Programmierer(in)
промо́утер – Promoter
психо́лог – Psychologe(-in)
разно́счик/разно́счица газе́т – Zeitungsausträger(in)
стю́ард/стюарде́сса – Steward(ess)
юри́ст – Jurist(in)

Diese Berufe kennst du schon:
актёр/актри́са, врач, журнали́ст(ка), музыка́нт, официа́нт(ка), певе́ц/певи́ца, писа́тель(ница), продаве́ц/продавщи́ца, учи́тель(ница), футболи́ст(ка)

Текст А: Кем стать?

как мо́жно *(+ Komp.)*	so ... wie möglich; möglichst ...
Приходи́ как мо́жно быстре́е.	Komm so schnell wie möglich.
кро́ме того́	außerdem
самостоя́тельный	selbstständig
име́ть	haben
во-пе́рвых	erstens
во-вторы́х	zweitens
ру́сский не́мец	Russlanddeutscher
давно́	längst, schon lange
Я её уже́ давно́ зна́ю.	Ich kenne sie schon lange.
счита́ть *(+ Akk. + Instr.)*	(jdn. für etw.) halten
Я счита́ю его́ хоро́шим врачо́м.	Ich halte ihn für einen guten Arzt.
ми́нус	Nachteil, Minus
зарпла́та	Gehalt
о́фис	Büro
уве́ренный	sicher
Я уве́рен(а), что э́то пра́вильно.	Ich bin (mir) sicher, dass das stimmt.
карье́ра	Karriere
де́лать карье́ру	Karriere machen
безрабо́тный	arbeitslos
пока́ (не)	bisher, noch (nicht)

Мой ли́чный слова́рь

Те́ма: Профе́ссии (2)

исто́рик – Historiker(in)
космона́вт – Kosmonaut(in)
фото́граф – Fotograf(in)

Diese Internationalismen verstehst du leicht:
архео́лог, био́лог, бухга́лтер, дирижёр, компози́тор, ма́клер, матема́тик, метеоро́лог, парикма́хер, пиани́ст, поли́тик, реставра́тор, фи́зик, хи́мик, эле́ктрик

Упражне́ния А

Мой ли́чный слова́рь

Интернационали́змы

Мисс ми́ра *indekl.*, организа́ция, публика́ция

больни́ца	Krankenhaus
> больно́й	> krank
> боле́ть	> schmerzen, weh tun
ти́ше	leiser
> ти́хий	> leise
ме́ньше	kleiner, weniger
> ма́ленький	> klein
> ма́ло *Adv.*	> wenig
ста́рше	älter
> ста́рый	> alt
моло́же/мла́дше	jünger
> молодо́й	> jung
ни́же	niedriger, kleiner
> ни́зкий	> niedrig
вы́ше	größer, höher
> высо́кий	> groß, hoch
доро́же	teurer
> дорого́й	> teuer
деше́вле	billiger
> дешёвый	> billig
коро́че	kürzer
> коро́ткий	> kurz
плюс	Vorteil, Plus
в-тре́тьих	drittens

Текст Б: Важне́е всего́ – ве́рить в себя́!

Мой ли́чный слова́рь

Интернационали́змы

ко́смос, катастро́фа, инсцени́ровать, Олимпи́йские и́гры

авиацио́нный – Flug-

игнори́ровать *uv. und vo.*	ignorieren
вели́кий	groß, bedeutend
полете́ть *vo.*	(los)fliegen
> лете́ть *uv.*	
крестья́нский	Bauern-
в то вре́мя	damals
одни́м *(Instr. Sg. von* оди́н)	einer
лётчик	Flieger
удало́сь	es gelang
косми́ческий кора́бль	Raumschiff
Пое́хали!	Los geht's!
полёт	Flug
проходи́ть/пройти́	*hier:* verlaufen
Prät. прошёл, -шла́, -шло́, -шли́	
сове́тский	sowjetisch
Сове́тский Сою́з	Sowjetunion
за грани́цу	ins Ausland
> за грани́цей	> im Ausland

погиба́ть/поги́бнуть	umkommen
Prät. поги́б, -ла, -ло, -ли	
до сих пор	bis jetzt
≠ с тех пор	≠ seitdem, seither
одни́ …, други́е …	die einen …, die anderen …
убива́ть/уби́ть	umbringen
убью́, убьёшь, убью́т	
смерть *f.*	Tod
пра́вда	Wahrheit

Упражне́ния Б

биогра́фия	Biografie, Lebenslauf
вундерки́нд	Wunderkind

Уро́к 4

Старт: Из про́шлого в бу́дущее

 **Мой ли́чный слова́рь**

Интернационали́змы

рефо́рма, эпо́ха, эта́п, офице́р, а́рмия, реформи́ровать, индустриализа́ция, терро́р, репре́ссия

про́шлое *Subst. n.*	Vergangenheit
в про́шлом	in der Vergangenheit
> про́шлый	> vergangen
основа́ние	Gründung
госуда́рство	Staat
моско́вский	Moskauer
оте́чественный	vaterländisch, Vaterlands-
восста́ние	Aufstand
отменя́ть/отмени́ть	abschaffen, aufheben
крепостно́й	leibeigen; Leibeigener
пра́во	Recht
крепостно́е пра́во	Leibeigenschaft
револю́ция	Revolution
Росси́йская Федера́ция	Russische Föderation
собы́тие	Ereignis
власть *f.*	Macht
при *(+ Präp.)*	unter, zur Zeit von
при Петре́ I	unter Peter I.
крестья́нин; *Nom. Pl.* крестья́не, *Gen. Pl.* крестья́н	Bauer

побе́да	Sieg
> победи́тель/победи́тельница	> Sieger(in)
продолжа́ться/продо́лжиться	(an)dauern
он/она́/оно́ продо́лжится, они́ продо́лжатся	

Мой ли́чный слова́рь

Те́ма: Исто́рия Росси́и

Ки́евская Русь – Kiewer Rus *(erster Staat auf russischem Boden)*
монго́ло-тата́рское и́го – mongolisch-tatarische Gewaltherrschaft
декабри́ст – Dekabrist *(Teilnehmer am Dezemberaufstand 1825)*
Октя́брьская револю́ция – Oktoberrevolution
большеви́к – Bolschewik *(Mitglied der bolschewist. Partei, Anhänger Lenins)*
СССР (Сою́з Сове́тских Социалисти́ческих Респу́блик) – UdSSR *(Union der Sozialistischen Sowjetrepubliken)*
перестро́йка – Perestrojka *(wörtl. „Umbau", Schlagwort für die von Gorbatschow eingeleiteten Reformen)*

Текст А: «Е́сли я когда́-нибудь ста́ну цари́цей …»

Мой ли́чный слова́рь

Интернационали́змы

фикти́вный, принце́сса, шве́дский

солда́тик – Spielzeugsoldat

-нибу́дь	irgend-
Спроси́ кого-нибу́дь.	Frage (irgend)jemanden.
цари́ца	Zarin
> царь *m.*	> Zar
-то	irgend-
Э́то что-то но́вое.	Das ist etwas Neues.
де́рево; *Nom. Pl.* **дере́вья**, *Gen. Pl.* **дере́вьев**	Baum
рад, -а, -о, -ы *(+ Dat.)*	froh sein (über), sich freuen (über)
Она ра́да на́шему пода́рку.	Sie freut sich über unser Geschenk.

вспомина́ть/вспо́мнить (+ *Akk.*)	zurückdenken (an), sich erinnern (an)
бы	*Partikel beim Konjunktiv*
винова́тый	schuldig, schuld sein
вы́учить *vo.*	lernen
> учи́ть *uv.*	
ро́дина	Heimat
на ро́дине	in der Heimat
пожа́р	Brand
сгора́ть/сгоре́ть	verbrennen
пла́тье; *Gen. Pl.* **пла́тьев**	Kleid
часть *f.*	Teil
всего́	insgesamt; nur
по-друго́му *Adv.*	anders
> друго́й *Adj.*	> anderer
зо́лото	Gold
да́ма	Dame
креще́ние	Taufe
ве́ра	Glaube
> ве́рить/пове́рить	> glauben
дать *vo.*	geben
дам, дашь, даст, дади́м, дади́те, даду́т	
> дава́ть *uv.*	
сва́дьба	Hochzeit
гру́стный [-сн-]	traurig
≠ весёлый	≠ fröhlich
неве́жливый	unhöflich
≠ ве́жливый	≠ höflich
возмо́жность *f.*	Möglichkeit
то	dann

Упражне́ния А

Мой ли́чный слова́рь

Интернационали́змы

филосо́фия, ка́нцлер, миллионе́р

относи́ться	sich verhalten; Einstellung haben (zu, gegenüber)
отношу́сь, отно́сишься, отно́сятся/	
отнести́сь к (+ *Dat.*)	
отнесу́сь, отнесёшься, отнесу́тся	
Как ты отно́сишься к пода́ркам?	Was hältst du von Geschenken?
идеа́льный	ideal
мунди́р	Uniform
боя́ться	Angst haben (vor)
бою́сь, бои́шься, боя́тся/	
побоя́ться (+ *Gen.*)	
Я бою́сь соба́к.	Ich habe Angst vor Hunden.
дово́льный (+ *Instr.*)	zufrieden (mit)
дово́лен, дово́льна, дово́льно, дово́льны	
Мы дово́льны результа́том.	Wir sind mit dem Ergebnis zufrieden.
не́рвничать *uv.*	nervös sein
зли́ться *uv.*	wütend sein
иностра́нец; *Gen.* **иностра́нца**	Ausländer
> страна́	> Land
переселе́ние	Übersiedlung, Auswanderung
мани́фе́ст	Manifest

Текст Б: Янта́рная ко́мната

Мой ли́чный слова́рь

Интернационали́змы

солда́т, то́нна, официа́льный

янта́рный	Bernstein-
перевози́ть	transportieren, bringen
перевожу́, перево́зишь, перево́зят/	
перевезти́	
перевезу́, перевезёшь, перевезу́т;	
Prät. перевёз, -везла́, -везло́, -везли́	
осно́вывать/основа́ть	gründen
> основа́ние	> Gründung
восстана́вливать/ восстанови́ть	wiederaufbauen
восстановлю́, восстано́вишь, восстано́вят	
испо́льзовать *uv. und vo.*	verwenden, einsetzen
янта́рь *m.; Gen.* **янтаря́**	Bernstein

Упражне́ния Б

восстановле́ние Wiederaufbau
переводи́ть übersetzen
перевожу́, перево́дишь, перево́дят/
перевести́
переведу́, переведёшь, переведу́т;
Prät. перевёл, -вела́, -вело́, -вели́
> перево́дчик/перево́дчица > Übersetzer(in)
си́льный stark
разруша́ть/разру́шить zerstören
посети́тель *m.* Besucher
> посеща́ть/посети́ть > besuchen
уважа́емый sehr geehrter *(Anrede)*
Уважа́емые да́мы и господа́! Sehr geehrte Damen und Herren,
госпожа́ Frau *(Anrede)*
присыла́ть/присла́ть schicken, senden
пришлю́, пришлёшь, пришлю́т
благода́рный dankbar
Я вам о́чень благода́рен (благода́рна). Ich bin Ihnen sehr dankbar.
С уваже́нием Mit freundlichen Grüßen *(in Briefen)*
материа́л Material

Уро́к 5

Die Lektion 5 ist nicht für alle Bundesländer verpflichtend. Die folgenden Wörter musst du also nur lernen, wenn ihr diese Lektion im Unterricht durchnehmt.

Текст А: Рок был, рок есть, рок бу́дет

Мой ли́чный слова́рь

Интернационали́змы

шо́у-би́знес

рок Rock *(Musikrichtung)*
появля́ться/появи́ться erscheinen, auftauchen; entstehen, aufkommen
Когда́ появи́лись пе́рвые CD? Wann sind die ersten CDs erschienen?
вуз (вы́сшее учёбное заведе́ние) Hochschule
прави́тельство Regierung
запреща́ть/запрети́ть verbieten
запрещу́, запрети́шь, запретя́т
публи́чный offen, öffentlich
аресто́вывать/арестова́ть verhaften
пласти́нка Schallplatte
рентге́новский сни́мок; *Gen.* сни́мка Röntgenaufnahme
кварти́рный Wohnungs-
знако́мый bekannt; Bekannter
Оле́г – мой ста́рый знако́мый. Oleg ist ein alter Bekannter von mir.
альбо́м Album
волна́; *Nom. Pl.* во́лны Welle
сыгра́ть *vo.* spielen
> игра́ть *uv.*
теря́ть/потеря́ть verlieren
Вчера́ я потеря́л(а) свой моби́льник. Gestern habe ich mein Handy verloren.
проте́ст Protest
> протестова́ть > protestieren
звезда́; *Nom. Pl.* **звёзды**, *Gen. Pl.* **звёзд** Stern; *hier:* Star

Упражне́ния А

Мой ли́чный слова́рь

Интернационали́змы

энтузиа́зм, сма́йлик, фоторепорта́ж

шко́льник Schüler
> шко́ла > Schule
свобо́да Freiheit
> свобо́дный > frei
крича́ть schreien
кричу́, кричи́шь, крича́т/
кри́кнуть
кри́кну, кри́кнешь, кри́кнут
Дворцо́вая пло́щадь Schlossplatz *(in St. Petersburg)*
мно́гие *Adj. Pl.* viele
У мно́гих музыка́нтов есть тала́нт. Viele Musiker haben Talent.
шо́у-програ́мма Show

Текст Б: Звездá рýсского рóка

Мой ли́чный словáрь

Интернационали́змы

хит, ракéта

поступáть/поступи́ть	*hier:* aufgenommen werden; sich einschreiben *(Schule, Universität)*
Вéра поступи́ла в вуз.	Vera hat sich an der Hochschule eingeschrieben.
исполня́ть/испóлнить	darstellen, spielen
капитáн	Kapitän
сбóрная *Subst. f.*	*hier:* Nationalmannschaft
Мой брат игрáет в сбóрной по хоккéю.	Mein Bruder spielt in der Hockey-Nationalmannschaft.
окáнчивать/окóнчить	absolvieren, beenden
запи́сывать/записáть	aufschreiben, notieren; aufnehmen, aufzeichnen *(auf Band)*
пóзже	später
> пóздний	> spät
стихи́ *Pl.*	*hier:* (Lied-)Text
то …, то …	mal …, mal …
жёсткий	hart, streng
лири́ческий	lyrisch

Упражнéния Б

Мой ли́чный словáрь

Интернационали́змы

продю́сер, дéмо-кассéта, пресс-конферéнция, хит-парáд

óблако; *Nom. Pl.* облакá, *Gen. Pl.* облакóв	Wolke
послезáвтра	übermorgen
> зáвтра	> morgen

Мой ли́чный словáрь

Hier kannst du überprüfen, ob du die Wörter des личный словарь richtig übersetzt hast.

Урок 1: контáкт – Kontakt, реáкция – Reaktion, институ́т – Institut, эксперимéнт – Experiment, сигнáл – Signal

Урок 2: гéний – Genie, коллéга *m./f.* – Kollege(-in), мелодрáма – Melodram, социáльный – sozial, жанр – Genre, фэ́нтези – Fantasy

Урок 3: тест – Test, клип – (Video-)Clip, реали́ст – Realist, археóлог – Archäologe(-in), биóлог – Biologe(-in), бухгáлтер – Buchhalter(in), дирижёр – Dirigent(in), композíтор – Komponist(in), мáклер – Makler, матемáтик – Mathematiker(in), метеорóлог – Meteorologe(-in), парикмáхер – Friseur(in), пиани́ст – Pianist(in), поли́тик – Politiker(in), реставрáтор – Restaurator(in), фи́зик – Physiker(in), хи́мик – Chemiker(in), элéктрик – Elektriker(in), Мисс ми́ра *indekl.* – Miss World, организáция – Organisation, публикáция – Publikation, кóсмос – Kosmos, катастрóфа – Katastrophe, инсцени́ровать – inszenieren, Олимпи́йские и́гры – Olympische Spiele

Урок 4: рефóрма – Reform, эпóха – Epoche, этáп – Etappe, офицéр – Offizier, áрмия – Armee, реформи́ровать – reformieren, индустриализáция – Industrialisierung, террóр – Terror, репрéссия – Repression, фикти́вный – fiktiv, принцéсса – Prinzessin, швéдский – schwedisch, филосóфия – Philosophie, кáнцлер – Kanzler, миллионéр – Millionär, солдáт – Soldat, тóнна – Tonne, официáльный – offiziell

Урок 5: шóу-би́знес – Showgeschäft, энтузиáзм – Enthusiasmus, смáйлик – Smiley, фоторепортáж – Fotoreportage, хит – Hit, ракéта – Rakete, продю́сер – Produzent, дéмо-кассéта – Demokassette, пресс-конферéнция – Pressekonferenz, хит-парáд – Hitparade

Алфавитный словарь – Alphabetisches Wörterverzeichnis

In diesem alphabetischen Wörterverzeichnis findest du alle in Конечно! verwendeten Wörter und Ausdrücke. Die russisch-deutsche Wortliste dient dem Nachschlagen, die deutsch-russische Wortliste wird dir bei Schreibaufgaben helfen.
Die Ziffern und Buchstaben hinter den Vokabeln geben den Ort an, an dem das Wort zum ersten Mal vorkommt.
Die Grund- und Ordnungszahlen findest du auf S. 81.
Die Wörter der Урок 5 findest du auf S. 93–94.

Abkürzungen

	Das Wort findest du zum ersten Mal im:
2C	Старт-Teil der Lektion 2
3TA	A-Text der Lektion 3
4УA	Übungsteil (упражнения) zum A-Text der Lektion 4
4TБ	Б-Text der Lektion 4
4УБ	Übungsteil (упражнения) zum Б-Text der Lektion 4
I/II/III	Конечно! Band 1/2/3

А

а I *(als Gegensatz)* und, aber
абсолю́тный 2УА absolut
а́вгуст I August
авиацио́нный 3ТБ Flug-
авто́бус I Autobus
а́втор 2УБ Autor(in)
а́дрес II Adresse
акроба́т III Akrobat
актёр/актри́са III Schauspieler(in)
акти́вный II aktiv
а́ктовый зал I Aula
а́кция III Aktion
Алло́? I Hallo? *(am Telefon)*
алфави́т I Alphabet
Аме́рика III Amerika
аму́рский III Amur-
анги́на III Angina
англи́йский II englisch
англи́йский язы́к II Englisch *(Sprache)*
А́нглия III England
апельси́н II Orange
апельси́новый сок II Orangensaft
аппети́т: Прия́тного аппети́та! I Guten Appetit!
апре́ль *m.* **I** April
апте́ка I Apotheke
арбу́з III Wassermelone
аргуме́нт III Argument
а́рмия 4С Armee
архео́лог 3УА Archäologe(-in)
архите́ктор II Architekt
аутса́йдер I Außenseiter
аэропо́рт I Flughafen

Б

ба́бушка I Großmutter, Oma
бага́ж III Gepäck
Байка́л II Baikal(see)
балала́йка I Balalaika
бале́т II Ballett
ба́льные та́нцы *Pl.* I Standardtänze
бана́н II Banane
банк I Bank
ба́ржа III Lastkahn
баскетбо́л I Basketball
бассе́йн II Schwimmbad, Pool
ба́шня II Turm
беда́ I Unglück, Not
без *(+ Gen.)* **II** ohne
бездо́мный 1УА obdachlos
безрабо́тный 3ТА arbeitslos
Бе́лые но́чи II Weiße Nächte
бе́лый I weiß
бе́лый медве́дь *m.* **III** Eisbär
бе́рег I Ufer
бефстро́ганов III Boeuf Stroganoff *(geschnetzeltes Rindfleisch)*
библиоте́ка I Bibliothek
бизнесме́н 3С Geschäftsmann
бики́ни III Bikini
биле́т II Fahrkarte, Eintrittskarte
би́нго I Bingo (Spiel)
биогра́фия 3УБ Biografie, Lebenslauf
био́лог 3УА Biologe(-in)
биоло́гия II Biologie
бистро́ III Bistro
благода́рный 4УБ dankbar
Близнецы́ III Zwillinge
Блин! *ugs.* II Mist! *ugs.*
блин III Pfannkuchen, Plinse
бли́нный III Pfannkuchen-, Plinsen-
блог 1ТБ Blog
блю́до III Speise, Gericht
бога́тый 2ТБ reich
бо́лее *(zur Bildung des Komparativs)* **III** mehr
боле́ть III weh tun, schmerzen
больни́ца 3УА Krankenhaus
больно́й 2ТБ krank
бо́льше II mehr **III** größer
большеви́к 4С Bolschewik *(Parteimitglied, Anhänger Lenins)*

большо́й **I** groß
борт II Bord
борщ **III** Borschtsch *(Rote-Bete-Suppe)*
боти́нки *Pl.* **III** Halbschuhe
боя́ться *uv. (+ Gen.)* **4УА** Angst haben (vor)
брат **I** Bruder
брать *uv.* **III** nehmen
брейк-да́нсер II Breakdancer
броса́ть *uv.* II werfen
брю́ки *nur Pl.* **I** Hose, Hosen
бу́дет **I** *hier:* ist gleich
бу́дущее *Subst. n.* **3С** Zukunft
бульо́н I Bouillon, Kraftbrühe
бурла́к **III** Treidler
бутербро́д **III** belegtes Brot
бути́к **II** Boutique
буты́лка **II** Flasche
буфе́т I Büfett, Speisesaal, Imbiss
бухга́лтер 3УА Buchhalter
бы **4ТА** *Partikel beim Konjunktiv*
бы́стрый **III** schnell
быть **I** sein
бюро́ *indekl.* I Büro

В

в *(+ Akk./Präp.)* **I** in/im
в то вре́мя **3ТБ** damals
в э́том году́ **I** in diesem Jahr
ваго́н **III** Waggon, Wagen
важне́е **III** wichtiger
ва́жный **III** wichtig
ва́нна II Badewanne
ва́нная **II** Bad, Badezimmer
варе́ники *Pl.* III Wareniki *(gefüllte Teigtaschen)*
варе́нье **I** Konfitüre
ваш, ва́ша, ва́ше, ва́ши **II** euer; Ihr
вдруг **II** plötzlich
веду́щий/веду́щая **2ТА** Moderator(in)
ведь I doch, ja
век **2ТБ** Jahrhundert
вели́к, -á, -ó, -и́ **2УБ** zu groß
вели́кий **3ТБ** groß, bedeutend
велосипе́д **I** Fahrrad
велоспо́рт **I** Radsport
ве́ра **4ТА** Glaube
ве́рить *uv.* **(в** *+ Akk.)* **2ТА** glauben (an)
весели́ться **III** sich amüsieren, Spaß haben
весе́нний **II** Frühlings-
весёлый **II** lustig
весна́ **I** Frühling
весно́й **I** im Frühling
Весы́ III Waage
весь, вся, всё, все **III** ganz; alle
ветерина́р **3С** Tierarzt(-ärztin)
ве́чер **I** Abend
ве́чером **I** abends, am Abend
вечери́нка **II** Party, Fest
вече́рний II abendlich, Abend-
вещь *f.* **III** Sache, Ding
взволнова́ться *vo.* **II** (sich) aufregen, aufgeregt sein
взять *vo.* **II** nehmen
вид **2С** Art
ви́део II Video
ви́деть *uv.* **I** sehen
визи́тная ка́рточка II Visitenkarte
виктори́на III Quiz
ви́лка **III** Gabel
вино́ III Wein
винова́тый **4ТА** schuldig, schuld sein
виногра́д *nur Sg.* **II** Weintrauben
висе́ть **II** hängen
ви́шня *nur Sg.* III Kirsche(n)
включа́ть/включи́ть **2ТА** einschalten
вку́сный **II** lecker
власть *f.* **4С** Macht
влета́ть/влете́ть **III** hineinfliegen
влюбля́ться/влюби́ться **(в** *+ Akk.)* **2ТБ** sich verlieben (in)
вме́сте **I** zusammen
вне́шность *f.* **III** Aussehen; Äußeres
внима́ние **III** Aufmerksamkeit; Achtung!
внима́тельно I aufmerksam
внук/вну́чка **III** Enkel(in)
во вре́мя *(+ Gen.)* **II** während
во-вторы́х **3ТА** zweitens
Во ско́лько? **III** Wann? Um wieviel Uhr?
вода́ **II** Wasser
Водоле́й III Wassermann
во́здух **III** Luft
возмо́жность *f.* **4ТА** Möglichkeit
возьми́/те *Imp. Sg./Pl.* **II** nimm/nehmt, nehmen Sie
война́ **2ТБ** Krieg
войти́ *vo.* **III** hineingehen, betreten
вокза́л **II** Bahnhof
волейбо́л **I** Volleyball
волк III Wolf
волне́ние III Aufregung
волнова́ться *uv.* **II** (sich) aufregen, aufgeregt sein
во́лосы *Pl.* **III** Haar(e)
вообще́ **2ТА** überhaupt
во-пе́рвых **3ТА** erstens
вопро́с **1УБ** Frage
вор **II** Dieb
воскресе́нье **I** Sonntag
восстана́вливать/ восстанови́ть **4ТБ** wiederaufbauen
восста́ние **4С** Aufstand
восстановле́ние **4УБ** Wiederaufbau
восто́к **II** Osten
вот **I** da (ist), hier (ist)
Вот как! I Na also! Da sieh mal einer an!
Вперёд! I Vorwärts!, Los!
врач **I** Arzt, Ärztin
вре́мя *n.* **I** Zeit
всегда́ **I** immer
всего́ **4ТА** insgesamt; nur
всего́ до́брого I alles Gute
всего́ хоро́шего **I** alles Gute
всё-таки **1ТА** dennoch, trotzdem
вспомина́ть/вспо́мнить *(+ Akk.)* **4ТА** zurückdenken (an), sich erinnern (an)
встава́ть *uv.* **I** aufstehen
встре́ча **III** Treffen
встреча́ть/встре́тить **III** begegnen, (zufällig) treffen
встреча́ться/встре́титься **II** sich treffen
вто́рник **I** Dienstag
в-тре́тьих **3УА** drittens
вундерки́нд 3УБ Wunderkind
вход **I** Eingang
входи́ть *uv.* **III** hineingehen, betreten
вчера́ **II** gestern
въезжа́ть/въе́хать **III** hineinfahren
вы **I** ihr/Sie
выбира́ть/вы́брать **3С** (aus)wählen
вы́бор **III** Auswahl

выбра́сывать/вы́бросить III hinauswerfen, wegwerfen
вы́глядеть *uv.* **III** aussehen
выезжа́ть/вы́ехать III wegfahren, herausfahren
вы́звать *vo.* III rufen
выключа́ть/вы́ключить 2УА ausschalten
вылета́ть/вы́лететь III herausfliegen, abfliegen
высо́кий III hoch; groß
высота́ III Höhe
вы́ставка II Ausstellung
выступа́ть/вы́ступить III auftreten
вы́учить *vo.* **4ТА** lernen
выходи́ть/вы́йти III hinausgehen; aussteigen **2УБ** herauskommen, erscheinen
выходно́й день I Feiertag
выходны́е (дни) II arbeitsfreie Tage, Wochenende
вы́ше 3УА größer, höher

Г

газе́та I Zeitung
га́мбургер I Hamburger
гардеро́б II Garderobe
гарди́на I Gardine, Vorhang
гарни́р III Beilage
где? I wo?
ге́ний 2ТА Genie
геогра́фия II Geografie, Erdkunde
гео́лог 3С Geologe(-in)
геро́й/герои́ня 2ТБ Held(in)
гига́нтский II gigantisch
гид II Führer, Touristenführer
гимна́зия II Gymnasium
гимна́стика I Gymnastik, Turnen
гита́ра I Gitarre
гитари́ст I Gitarrist
гла́вное III Hauptsache, das Wichtigste
гла́вный I Haupt-
глаз III Auge
глубина́ III Tiefe
глубо́кий III tief
глу́пый III dumm
глухонемо́й 1С taubstumm
говори́ть *uv.* **I** sprechen, sagen
год I Jahr
год вы́хода 2УБ Erscheinungsjahr
голова́ I Kopf
голубо́й I hellblau
гора́ II Berg
го́рло III Hals, Kehle
го́род (г.) I Stadt
горчи́ца II Senf
горя́чий III heiß
господи́н 1С Herr *(Anrede)*
госпожа́ 4УБ Frau *(Anrede)*
гости́ная II Wohnzimmer
гости́ница II Hotel
гость *m.* **I** Gast
быть в гостя́х *(у + Gen.)* **II** zu Besuch sein (bei)
ехать в го́сти *best., uv.* I (jdn.) besuchen
ходи́ть в го́сти *unbest.;* **идти́ в го́сти** *best.* **III** besuchen
госуда́рство 4С Staat
гото́вить *uv.* **I** vorbereiten; zubereiten, kochen
гото́виться *uv.* **II** sich vorbereiten
гото́вый II fertig, bereit
гра́дус II Grad
грамм II Gramm
грамма́тика I Grammatik
грани́ца II Grenze
за грани́цей II im Ausland
за грани́цу 3ТБ ins Ausland
гриб II Pilz
грипп III Grippe
гро́мкий III laut
гро́мче 1УБ lauter
гроссме́йстер III Großmeister
гру́ппа I Gruppe, Band
гру́стный 4ТА traurig
гуля́ть I spazieren gehen
гуля́ш I Gulasch

Д

да I ja
дава́ть *uv.* **III** geben
Дава́й/те! *Imp. Sg./Pl.* **I** Los geht's! Auf geht's!
Дава́йте споём. III Lasst uns singen.
давно́ 3ТА längst, schon lange
да́же II sogar
да́лее III ferner, weiter
далеко́ *Adv.* **I** weit
да́льше I weiter
да́ма 4ТА Dame
дари́ть *uv.* **I** schenken
дать *vo.* **4ТА** geben
да́й/те *Imp. Sg./Pl.* **I** gib/gebt, geben Sie
да́ча II Wochenendhaus, Datscha
дверь *f.* **II** Tür
Две́ри закрыва́ются! I Die Türen schließen!
дво́йка II Zwei *(russ. Schulnote)*
двор I Hof
дворе́ц II Palast
двою́родный брат/двою́родная сестра́ III Cousin(e)
двухко́мнатная кварти́ра II Zweizimmerwohnung
Де́ва III Jungfrau
де́вочка II Mädchen
де́вушка III Mädchen *(ab 15 J.)*
девчо́нка II Mädchen, Mädel
Дед Моро́з I Weihnachtsmann
де́душка I Großvater, Opa
дежу́рить II Dienst haben
дежу́рный II vom Dienst, diensthabend
дежу́рство II (Aufräum-)Dienst
де́йствие 2ТБ Handlung
действи́тельно II tatsächlich
декабри́ст 4С Dekabrist *(Teilnehmer am Dezemberaufstand 1825)*
дека́брь *m.* **I** Dezember
де́лать *uv.* **I** tun, machen
де́лать уро́ки *nur Pl.* **I** Hausaufgaben machen
день *m.* **I** Tag
день рожде́ния I Geburtstag
День свято́го Валенти́на I Valentinstag
де́ньги *nur Pl.* **II** Geld
дере́вня II Dorf
де́рево 4ТА Baum
держа́ть *uv.* **III** halten
десе́рт III Dessert, Nachtisch
детекти́в 2С Krimi
де́ти *Pl.* **I** Kinder
де́тская II Kinderzimmer
де́тский II Kinder-
деше́вле 3УА billiger
дешёвый I billig
дёшево *Adv.* **II** billig
джаз III Jazz
джи́нсы *nur Pl.* **I** Jeans
дзюдо́ *indekl.* I Judo
дива́н II Sofa
диза́йнер I Designer(in)

дире́ктор II Direktor(in)
дирижёр 3ТА Dirigent(in)
дискоте́ка I Diskothek
диску́ссия 2УА Diskussion
дискути́ровать *uv.* II diskutieren
дисципли́на II Disziplin
дисциплини́рованный III diszipliniert
длина́ III Länge
дли́нный III lang
для *(+ Gen.)* **I** für
дневни́к III Tagebuch
днём II tagsüber
до *(+ Gen.)* **I** bis
До завтра! I Bis morgen!
До свида́ния! I Auf Wiedersehen!
до сих пор 3ТБ bis jetzt
Добро́ пожа́ловать! *(в/на + Akk.)* **I** Herzlich Willkommen!
дово́льный *(+ Instr.)* **4УА** zufrieden (mit)
дождь *m.* **II** Regen
дождь идёт/шёл II es regnet/es hat geregnet
докла́д III Vortrag
докуме́нт I Dokument
документа́льный фильм 2С Dokumentarfilm
до́лго II lang
до́лжен, должна́, должно́, должны́ *(+ Inf.)* **II** müssen, sollen
дом I Haus
до́ма I zu Hause
домо́й I nach Hause
дома́шний II Haus-
дополни́тельный III zusätzlich
доро́га 1ТБ Weg
до́рого *Adv.* **II** teuer
дорого́й I lieb, teuer
доро́же 3УА teurer
доска́ II Tafel
достопримеча́тельность *f.* **I** Sehenswürdigkeit
дочь *f.* **III** Tochter
дра́ма 2С Drama
друг I Freund
друг дру́га 1С einander
други́ми слова́ми 1УБ mit anderen Worten
друго́й II anderer
дружи́ть *(с + Instr.)* **1ТА** befreundet sein (mit)
ду́мать *uv.* **I** denken
душ II Dusche
дя́дя *m.* **III** Onkel

Е

e-mail I E-Mail
е́вро *m., indekl.* I Euro
Еги́пет II Ägypten
его́ I sein(e)
едини́ца II Eins *(russ. Schulnote)*
её I ihr(e)
е́здить *unbest., uv.*; **е́хать** *best., uv.* **I** fahren
е́здить за́йцем *unbest., uv.*; **е́хать за́йцем** *best., uv.* **III** schwarz fahren
е́сли III wenn, falls
есть I es gibt, es ist vorhanden **II** essen
ещё I noch
ёлка I *hier:* Weihnachtsbaum

Ж

жаль I schade
жанр 2УБ Genre
жа́ркий III heiß
ждать *uv. (+ Akk.)* **I** warten (auf)
же I denn, doch
жела́ние III Wunsch
жела́ть *uv. (+ Dat. + Gen.)* **I** (jdm. etw.) wünschen
желе́зная доро́га III Eisenbahn
жена́ III Ehefrau
Же́нский день I Frauentag
же́нщина III Frau
жёлтый I gelb
живо́й III lebendig
живо́т III Bauch
живо́тное II Tier
жизнь *f.* **III** Leben
жи́тель *m.* **III** Einwohner
жить I wohnen, leben
жонглёр III Jongleur
журна́л I Zeitschrift
журнали́ст(ка) I Journalist(in)
жюри́ *n., indekl.* II Jury

З

за II *(+ Akk.)* für; *(+ Instr.)* hinter **1С** *(+ Instr.)* bei, an
за семь неде́ль до *(+ Gen.)* **III** sieben Wochen vor
забира́ть *uv.* I abholen 2УА wegnehmen
забо́титься *uv.* **(о** *+ Präp.)* **III** sich kümmern/sorgen (um)
забыва́ть/забы́ть II vergessen
заво́д III Fabrik
за́втра I morgen
за́втрак I Frühstück
за́втракать *uv.* **I** frühstücken
зага́дка 3С Rätsel
загора́ть *uv.* **II** sich sonnen
загрязне́ние III Verschmutzung
загрязня́ть/загрязни́ть III verschmutzen
зада́ние I Aufgabe
зака́зывать/заказа́ть III bestellen
закрыва́ть/закры́ть II schließen, zumachen
заку́ска III Vorspeise
зал I Saal, Halle
замеча́тельный 2ТА hervorragend, ausgezeichnet
занима́ться *uv. (+ Instr.)* **I** sich beschäftigen, treiben
за́пад II Westen
за́пах 1ТБ Geruch
заплати́ть *vo.* **III** bezahlen
зараба́тывать/зарабо́тать III verdienen
зарпла́та 3ТА Gehalt
заря́дка II (Morgen-)Gymnastik
застря́ть в грязи́ III im Schlamm stecken bleiben
заче́м 1ТБ wozu
защи́та III Schutz
защища́ть/защити́ть III schützen, verteidigen
звони́ть *uv. (+ Dat.)* **I** anrufen, telefonieren **III** klingeln
звоно́к I Klingel(zeichen), Läuten
зву́ки *Pl.* I Laute
зда́ние III Gebäude
здесь I hier
здо́рово I großartig
здоро́вье I Gesundheit
Здра́вствуй/те! I Guten Tag! Sei(d) gegrüßt!
зелёный I grün
земля́ II *hier:* Bundesland **III** Erde, Boden
зима́ I Winter
зи́мний II winterlich, Winter-
зимо́й I im Winter

зли́ться *uv.* **4УА** wütend sein
знак зодиа́ка III Sternzeichen
знако́миться *uv. (**с** + Instr.)* **III** kennenlernen, sich bekannt machen
знамени́тый I berühmt
знать *uv.* **I** wissen, kennen
значе́ние III Bedeutung
зна́чит 1УБ bedeutet, heißt
зо́лото 4ТА Gold
Золото́е кольцо́ III Goldener Ring *(altruss. Städte um Moskau)*
зонт III Regenschirm
зри́тель *m.* **2УБ** Zuschauer
зуб III Zahn
зубна́я па́ста III Zahnpasta
зубри́ла *m./f.* II Streber(in)

И

и I und, auch
и ..., и 1ТА sowohl ... als auch
игнори́ровать *uv. und vo.* **3ТБ** ignorieren
игра́ I Spiel
игра́ть *uv.* **I** spielen
идеа́льный 4УА ideal
иде́я I Idee
иди́/те *Imp. Sg./Pl.* **I** geh/geht, gehen Sie
идти́ *best., uv.* **I** gehen **2С** kommen, laufen
из *(+ Gen.)* **I** aus, von ... her
изве́стный III bekannt
Извини́ меня́! I Entschuldigung!
Извини́те! I Entschuldigt!, Entschuldigen Sie!
изуча́ть/изучи́ть III erforschen; lernen, studieren
икра́ III Kaviar
и́ли I oder
и́ли ..., и́ли 1ТА entweder ... oder
име́ть 3ТА haben
и́мя I (Vor-)Name
индустриализа́ция 4С Industrialisierung
инжене́р I Ingenieur(in)
иногда́ II manchmal
иностра́нец 4УА Ausländer
иностра́нный II ausländisch
институ́т 1УА Institut
инструме́нт III Instrument
инсцени́ровать 3ТБ inszenieren
интеракти́вный I interaktiv
интервью́ *n., indekl.* I Interview
интере́с II Interesse
интере́сный II interessant
интересова́ть 3С interessieren
интересова́ться *uv. (+ Instr.)* **II** sich interessieren (für)
интернациона́льный II international
Интерне́т I Internet
интерне́т-сайт II Internetseite
интерне́т-сёрфинг I Internet-Surfen
интерне́т-фо́рум II Internetforum
интерпрети́ровать *uv.* II interpretieren
информа́тика I Informatik
информа́ция *nur Sg.* **III** Information(en)
информи́ровать *uv.* II informieren
иска́ть 2ТА suchen
Испа́ния II Spanien
испа́нский III spanisch
испа́нский язы́к II Spanisch
испе́чь *vo.* **III** backen
испо́льзовать *uv. und vo.* **4ТБ** verwenden, einsetzen
исто́рик 3ТА Historiker(in)
истори́ческий II historisch
исто́рия II Geschichte
ита́к I also, nun
Ита́лия II Italien
их I ihr *(3. Pers. Pl.)*
ию́ль *m.* **I** Juli
ию́нь *m.* **I** Juni
йо́гурт I Joghurt

К

к *(+ Dat.)* **I** zu
к сожале́нию I leider
кабине́т II Büro, Arbeitszimmer; Unterrichtsraum
кабине́т информа́тики I Computerraum
Кавка́з II Kaukasus
кадр 2УБ Bild, Filmszene
ка́ждый II jeder; alle
каза́ться *uv.* **III** scheinen
как? I wie?
Как дела́? I Wie geht's?
как мо́жно *(+ Komp.)* **3ТА** so ... wie möglich; möglichst ...
как пра́вило I in der Regel
кака́о *indekl.* I Kakao
како́й? I was für ein? welcher?
календа́рь *m.* I Kalender
калькуля́тор 2УА Taschenrechner
ками́н II Kamin
кана́л II Kanal
кани́кулы *nur Pl.* **II** Ferien
ка́нцлер 4УА Kanzler
капу́ста III Kohl
капу́стник I bunter Abend, Schulkabarett
капучи́но I Cappuccino
каранда́ш I Bleistift
карате́ I Karate
ка́рий III braun *(Augen)*
карнава́л III Karneval
ка́рта I (Land-)Karte
карти́на II Bild, Gemälde
карто́фель *m.* **III** Kartoffel(n)
карто́шка II Kartoffel(n)
карусе́ль *f.* III Karussell
карье́ра 3ТА Karriere
ка́сса III Kasse
касси́р I Kassierer(in)
катастро́фа 3ТБ Katastrophe
ката́ться *uv. (**на** + Präp.)* **I** fahren *(zum Vergnügen)*
ката́ться на лошадя́х II reiten
кафе́ *n., indekl.* **I** Café
кафе́-моро́женое II Eiscafé
ка́шель *m.* **III** Husten
кварти́ра II Wohnung
квас I Kwass *(alkoholfreies Getränk)*
ке́пка I Kappe, Schirmmütze
кефи́р I Kefir
ки́борд III Keyboard
Ки́евская Русь 4С Kiewer Rus *(erster Staat auf russischem Boden)*
килогра́мм II Kilogramm
киломе́тр (км) III Kilometer
кино́ *indekl.* **I** Kino
кио́ск II Kiosk, Verkaufsstand
класс I Klasse, Klassenzimmer
класси́ческий III klassisch
кла́ссно *Adv.* **II** klasse, toll
клип 3С (Video-)Clip

клуб I Klub
кни́га I Buch
кни́жный магази́н II Buchhandlung
ковёр II Teppich
когда́ I wann; wenn **III** als
кого́? I wen?
код 1С *hier:* Türcode
Козеро́г III Steinbock
колбаса́ II Wurst
колла́ж I Collage
колле́га *m./f.* 2ТА Kollege(-in)
колле́кция I Kollektion
кома́р III Stechmücke
коме́дия 2С Komödie
ко́микс I Comic
ко́мната I Zimmer
ко́мпас 1ТБ Kompass
компози́тор 3УА Komponist(in)
компо́т I Kompott
компью́тер I Computer
компью́терная игра́ II Computerspiel
кому́? I wem?
коне́ц II Ende
коне́чно I natürlich; na klar!
ко́нкурс II Wettbewerb, Preisausschreiben
консервато́рия III Konservatorium
конта́кт 1С Kontakt
контине́нт I Kontinent
контролёр III Kontrolleur
контро́льная рабо́та II Klassenarbeit
конце́рт I Konzert
конча́ть/ко́нчить III beenden
конча́ться/ко́нчиться I, III enden, zu Ende gehen/sein
коньки́ *Pl.* **III** Schlittschuhe
кора́бль *m.* **II** Schiff
коридо́р II Korridor, Flur
кори́чневый I braun
коро́ва III Kuh
коро́ткий III kurz
коро́че 3УА kürzer
косми́ческий кора́бль 3ТБ Raumschiff
космона́вт 3УА Kosmonaut(in)
ко́смос 3ТБ Kosmos
костёр III Lagerfeuer
ко́сти *Pl.* I *hier:* Würfel
костю́м I Kostüm, Anzug
кот 1УА Kater
котле́та III Frikadelle, Bulette
кото́рый II welcher, der
Кото́рый час? I Wie viel Uhr (ist es)?
ко́фе *m., indekl.* I Kaffee
ко́шка I Katze
краси́вый I schön, hübsch
кра́сный I rot
креати́вный 3С kreativ
крем от со́лнца III Sonnencreme
Кремль *m.* **II** Kreml
крепостно́й 4С leibeigen; Leibeigener
кре́пость *f.* **II** Festung
кре́сло II Sessel
крестья́нин 4С Bauer
крестья́нский 3ТБ Bauern-
креще́ние 4ТА Taufe
критикова́ть *uv.* II kritisieren
крова́ть *f.* **II** Bett
крокоди́л II Krokodil
кро́лик I Kaninchen
кро́ме *(+ Gen.)* **1ТБ** außer
кро́ме того́ 3ТА außerdem
круглосу́точный магази́н II durchgehend geöffnetes Geschäft
кру́глый III rund
кружо́к II *hier:* Arbeitsgemeinschaft
кста́ти III übrigens
кто? I wer?
куда́? I wohin?
ку́кла III Puppe
культу́ра II Kultur
культу́рный III kulturell
куми́р III Idol
купа́ться *uv.* **II** baden
купе́ III Abteil
купе́йный ваго́н III Schlafwagen
купи́ть *vo.* **II** kaufen
купи́/те *Imp. Sg./Pl.* **II** kauf/ kauft, kaufen Sie
кури́ть *uv.* II rauchen
ку́рица II Huhn
курье́р 3С Kurier
ку́хня II Küche

Л

ла́герь *m.* **II** Lager, Camp
ла́дно I schon gut, OK
ла́мпа II Lampe
ландша́фт III Landschaft
лати́нский язы́к II Latein
Лебеди́ное о́зеро II Schwanensee *(berühmtes Ballett von Tschaikowski)*
Лев III Löwe
леге́нда III Legende
ледяно́й столб III Eissäule
лежа́ть *uv.* **I** liegen
лека́рство III Arznei, Medikament
лес II Wald
лет *Gen. Pl. von* **год I** Jahre
лета́ть *unbest., uv.*; **лете́ть** *best., uv.* **I** fliegen
ле́тний II sommerlich, Sommer-
ле́то I Sommer
ле́том I im Sommer
лёд I Eis
лётчик 3ТБ Flieger
лимо́н I Zitrone
лимона́д I Limonade
лине́йка I Lineal
лиса́ 1ТБ Fuchs
литерату́ра I Literatur
литр II Liter
лице́й III Lyzeum
лицо́ III Gesicht
лови́ть *uv.* **II** fangen
лови́ть ры́бу II angeln
ло́жка III Löffel
лома́ть *uv.* III (zer-)brechen
ло́шади *Pl.* **I** Pferde
лук *nur Sg.* **II** Zwiebel(n)
лу́чше I besser
лу́чший I besser **III** bester
лы́жа III Ski
люби́мый I Lieblings-
люби́ть *uv.* **I** lieben, mögen, gern haben
любо́вь *f.* **III** Liebe
лю́ди *Pl.* **I** Leute, Menschen

М

магази́н II Laden, Geschäft
май I Mai
майоне́з I Mayonnaise
ма́клер 3УА Makler
мал, -а́, -о́, -ы́ 2УБ zu klein

ма́ленький I klein
ма́ло *(+ Gen.)* **II** wenig(e)
ма́льчик II Junge *(bis 14 Jahre)*
ма́ма I Mama, Mutti
манифе́ст 4УА Manifest
ма́ркер I (Text-)Marker
март I März
маршру́тка I Sammeltaxi, Linienkleinbus
Ма́сленица III russischer Karneval
ма́сло I Butter
матема́тик 3УА Mathematiker(in)
матема́тика I Mathematik
материа́л 4УБ Material
матрёшка I Matrjoschka *(Holzpuppe in der Puppe)*
мать *f.* **III** Mutter
маунтинба́йк II Mountainbike
маши́на I Auto
ме́бель *f., nur Sg.* **II** Möbel *Pl.*
медбра́т/медсестра́ 3С Krankenpfleger/Krankenschwester
медве́дь *m.* **III** Bär
медкабине́т I Krankenstation
ме́дленнее 1УБ langsamer
ме́дленный 1УБ langsam
ме́жду *(+ Instr.)* **III** zwischen
междунаро́дный III international
мелодра́ма 2ТБ Melodram
ме́неджер 3С Manager(in)
ме́нее *(zur Bildung des Komparativs)* **III** weniger
ме́ньше 3УА kleiner, weniger
меню́ *n., indekl.* **III** Speisekarte
меня́ зову́т I ich heiße
ме́стный жи́тель III Einheimischer
ме́сто II Ort, Platz
ме́сяц I Monat
метеоро́лог 3УА Meteorologe(-in)
метр (м) III Meter
метро́ *indekl.* **I** U-Bahn, Metro
мече́ть *f.* III Moschee
мечта́ 3С Traum
мечта́ть *uv.* **(о** *+ Präp.)* **III** träumen
мешо́к III Sack
мили́ция II Polizei
миллио́н III Million
миллионе́р 4УА Millionär
минера́льная вода́ II Mineralwasser
ми́нус I minus **3ТА** Nachteil, Minus
мину́та I Minute
мину́точку *Akk., Dim.* I einen Moment, einen Augenblick
мир III Welt; Frieden
Мисс ми́ра *indekl.* 3УА Miss World
мла́дше 3УА jünger
мла́дший III jünger; jüngster
мне́ние 2УА Meinung
мно́го *(+ Gen.)* **II** viel(e)
многоэта́жный дом 1ТБ Hochhaus
моби́льник I Handy
мо́да I Mode
моде́ль *f.* **3С** Model
мо́дный I modisch
мо́жет быть I vielleicht
мо́жно II man kann, man darf
мой, моя́, моё, мои́ I mein
молодёжный 2С Jugend-
молодёжь *f.* **III** Jugend
Молоде́ц! I Bravo! Toll!
молодо́й I jung
моло́же 3УА jünger
молоко́ I Milch
монго́ло-тата́рское и́го 4С mongolisch-tatarische Gewaltherrschaft
моне́тка II kleine Münze
мо́ре II Meer
моро́женое I (Speise-)Eis
москви́ч(ка) I Moskauer(in)
моско́вский 4С Moskauer
мост II Brücke
мото́р I Motor
мочь *uv.* **II** können, dürfen
муж III Ehemann
мужчи́на *m.* **II** Mann
музе́й I Museum
му́зыка I Musik
музыка́льный III Musik-, musikalisch
музыка́льный центр II Stereoanlage
музыка́нт I Musiker
мука́ III Mehl
мультфи́льм 2С Zeichentrickfilm
мунди́р 4УА Uniform
му́сор III Müll
мусульма́нин III Muslim
му́ха II Fliege
мы I wir
мы с *(+ Instr.)* **II** ich und ...
мышь *f.* 1ТА Maus
мэр II Bürgermeister
мя́со II Fleisch

Н

на I *(+ Akk./Präp.)* in/im, auf **III** *(+ Akk.)* um *(Differenz)*; für *(Zeit)*
на неме́цком (языке́) I in deutscher Sprache/auf Deutsch
на ру́сском языке́ I in russischer Sprache/auf Russisch
на сего́дня I für heute
на чём I *hier:* womit
наве́рное I wahrscheinlich
над *(+ Instr.)* **II** über
надева́ть/наде́ть 1С anziehen
наде́яться III hoffen
на́до *unpers.* **II** nötig sein, müssen
наза́д 3С vor *(zeitl.)*
назва́ние I Name, Benennung, Bezeichnung
называ́ться *uv.* **I** heißen
найти́ *vo.* **II** finden
наконе́ц II endlich, schließlich
нале́во I nach links
намно́го I um vieles, viel
написа́ть *vo.* **II** schreiben
напи́ток I Getränk
напра́во I nach rechts
наприме́р III zum Beispiel
напро́тив *(+ Gen.)* **I** gegenüber
нарисова́ть *vo.* **1ТА** zeichnen
на́сморк III Schnupfen
настоя́щий III wahr, echt
находи́ть *uv.* **2ТБ** finden
находи́ться *uv.* **I** sich befinden
нача́ло III Anfang
нача́льная шко́ла III Grundschule
начина́ть/нача́ть III anfangen, beginnen
начина́ться/нача́ться II, III anfangen, beginnen
наш, на́ша, на́ше, на́ши I unser
не I nicht
не́ за что I *hier:* keine Ursache, nichts zu danken
не́бо III Himmel
неве́жливый 4ТА unhöflich
неда́вно III neulich, vor kurzem

недалеко́ *(от + Gen.)* **I** nicht weit weg (von)
неде́ля I Woche
некраси́вый III hässlich
нелега́льный III illegal
нельзя́ *(+ uv. Inf.)* **III** man darf nicht, es ist nicht erlaubt
не́мец/не́мка III Deutsche(r)
неме́цкий III deutsch
неме́цкий язы́к I deutsche Sprache/Deutsch
немно́го *(+ Gen.)* **III** etwas, ein wenig
необы́чный I ungewöhnlich
непло́хо I nicht schlecht, gut
непоня́тный 2ТА unverständlich
непра́вильно I nicht richtig, falsch
не́рвничать *uv.* **4УА** nervös sein
не́рпа III Baikal-Robbe
не́сколько *(+ Gen.)* **II** einige, ein paar
несча́стный III unglücklich
нет I nein
нече́стно II *hier:* ungerecht
ни …, ни 1ТА weder … noch
-нибу́дь 4ТА irgend-
нигде́ 1УА nirgends
ни́же 3УА niedriger, kleiner
ни́зкий III niedrig
ник III Nickname
никако́й 1ТБ kein(erlei)
никогда́ 1ТА nie(mals)
никто́ 1ТБ niemand
никуда́ 1ТА nirgendwohin
ничего́ [-ево] I *hier:* so lala, das macht nichts
ничто́ (ничего́) 1ТБ nichts
но I aber, jedoch **III** sondern
Но́белевская пре́мия 1УА Nobelpreis
но́вость *f.* **III** Neuigkeit; Nachricht
но́вый I neu
Но́вый год I Neujahr/Silvester
нога́ III Bein; Fuß
нож III Messer
но́мер I Nummer
норма́льно I normal
нос III Nase
носи́ть *uv.* **II** tragen
но́та I (Musik-)Note
ноутбу́к 2УА Notebook
ночь *f.* **II** Nacht
но́чью II nachts
ноя́брь *m.* **I** November
нра́виться *uv.* **I** gefallen
ну I nun
Ну и что? I na und?
ну́жен, нужна́, ну́жно, нужны́ III brauchen
ня́ня I Kindermädchen

О

о *(+ Präp.)* **I** über, von
о ком? I über wen?
о себе́ I über sich selbst
о чём? I worüber?
обе́д I Mittagessen
обе́дать *uv.* **I** Mittag essen
обита́емый 2ТБ bewohnt
обме́н III Austausch
обра́тно I zurück
обща́ться (с *+ Instr.)* **1С** in Verbindung/Kontakt stehen (mit), kommunizieren, Zeit verbringen (mit)
объе́кт I Objekt
объясня́ть/объясни́ть III erklären
обы́чно I gewöhnlich
обяза́тельно II unbedingt
О́вен III Widder
о́вощи *nur Pl.* **II** Gemüse
овощно́й III Gemüse-
огро́мный II riesig
огуре́ц II Gurke
оде́жда I Kleidung
оди́н, одна́, одно́, одни́ 1УА *hier:* allein
одино́кий 2ТБ einsam
одна́жды 2ТБ eines Tages
одни́ …, други́е … 3ТБ die einen …, die anderen …
одни́м *(Instr. Sg. von* оди́н*)* 3ТБ einer
одноклáссник/одноклáссница I Mitschüler(in)
о́зеро II See *m.*
окно́ I Fenster
о́коло *(+ Gen.)* **II** neben, bei
октя́брь *m.* **I** Oktober
Октя́брьская револю́ция 4С Oktoberrevolution
окружа́ющая среда́ III Umwelt
Олимпи́йские и́гры 3ТБ Olympische Spiele
омле́т I Omelett, Eierkuchen
он, она́, оно́, они́ I er, sie, es, sie
опа́здывать/опозда́ть II sich verspäten
опозда́ние III Verspätung
опя́ть II wieder, noch einmal
ора́нжевый 3С orange
организа́ция 3УА Organisation
организо́вывать/организова́ть III organisieren
оригина́льный II original, originell
орке́стр II Orchester
осе́нний II herbstlich, Herbst-
о́сень *f.* **I** Herbst
о́сенью I im Herbst
основа́ние 4С Gründung
осно́вывать/основа́ть 4ТБ gründen
осо́бенно I besonders
остана́вливать/останови́ть III aufhalten, stoppen
Осторо́жно! I Achtung! Vorsicht!
о́стров II Insel
от *(+ Gen.)* **I** von
отвеча́ть/отве́тить I, III antworten
о́тдых II Erholung, Entspannung
отдыха́ть/отдохну́ть II sich erholen, (sich) ausruhen
оте́ц I Vater
оте́чественный 4С vaterländisch, Vaterlands-
откро́й/те! *Imp. Sg./Pl.* **II** mach auf/macht auf, machen Sie auf
открыва́ть/откры́ть III öffnen, *hier:* einweihen
откры́тие I Eröffnung
откры́тка II Postkarte
откры́тый III offen
отку́да II woher
отли́чный II ausgezeichnet, hervorragend
отменя́ть/отмени́ть 4С abschaffen, aufheben
относи́ться/отнести́сь к *(+ Dat.)* **4УА** sich verhalten; Einstellung haben (zu, gegenüber)
отправле́ние III Abfahrt
отправля́ться/отпра́виться III abfahren
о́тпуск 2ТА Urlaub

отсю́да **III** von hier
о́тчество **II** Vatersname
отчёт 1УБ Bericht
о́фис **3ТА** Büro
офице́р 4С Offizier
официа́льный 4ТБ offiziell
официа́нт/официа́нтка **III** Kellner(in)
охо́та **III** Jagd
охра́нник **I** Wachmann
оце́нка **II** (Schul-)Note
о́чень **I** sehr

П

па́дать *uv.* **III** (hin)fallen
пала́тка **II** Zelt
па́лец **III** Finger; Zehe
па́льма II Palme
пальто́ *indekl.* **I** Mantel
па́мятник *(+ Dat.)* **II** Denkmal
па́па **I** Papa, Vati
папиро́са II Zigarette
па́пка **I** Schnellhefter, Aktenordner
па́рень *m.* **III** junger Mann
парикма́хер 3УА Friseur(in)
парк **I** Park
партнёр III Partner
парфюме́рия **II** Parfümerie
пассажи́р **III** Passagier
Па́сха **I** Ostern
пацие́нт I Patient
певе́ц/певи́ца **III** Sänger(in)
пельме́ни *Pl.* **III** Pelmeni *(gefüllte Teigtaschen)*
пена́л **I** Federmappe
пе́ние III Singen
пе́рвый **I** der erste
пе́рвый раз **II** *hier:* zum ersten Mal
переводи́ть/перевести́ **4УБ** übersetzen
перево́дчик/перево́дчица **3С** Übersetzer(in)
перевози́ть/перевезти́ **4ТБ** transportieren, bringen
пе́ред *(+ Instr.)* **II** vor
переда́ча **2С** Sendung
переселе́ние **4УА** Übersiedlung, Auswanderung
переста́ть *vo.* 2ТА aufhören
перестро́йка **4С** Perestrojka

пе́сня **III** Lied
петь *uv.* **III** singen
печь *uv.* **III** backen
пешко́м **I** zu Fuß
пиани́но *indekl.* **I** Klavier
пиани́ст 3УА Pianist(in)
пи́во III Bier
пило́т **3С** Pilot(in)
пирами́да I Pyramide
пирожо́к **III** kleine Pastete
писа́тель/писа́тельница **2УБ** Schriftsteller(in)
писа́ть *uv.* **I** schreiben
пи́сьменный стол **II** Schreibtisch
письмо́ **I** Brief
пить *uv.* **II** trinken
пи́цца I Pizza
пла́вать *unbest., uv.* **III** schwimmen
пла́вки *nur Pl.* **III** Badehose
пла́зма 2ТА Flachbild-Fernseher
план II Plan
плане́та I Planet
плати́ть *uv.* **III** bezahlen
платфо́рма **III** Bahnsteig
пла́тье **4ТА** Kleid
плацка́ртный ваго́н **III** Großraumwagen
пло́хо *Adv.* **II** schlecht
плохо́й **II** schlecht
пло́щадь *f.* **I** Platz **III** Fläche
плыть *best., uv.* **III** schwimmen
плюс **I** plus **3УА** Vorteil, Plus
пляж **II** Strand
по **I** *(+ Dat.)* in, durch
III *(+ Akk.)* je, jeweils
III nach, gemäß
по *(+ Wochentag im Dat. Pl.)* **III** montags, dienstags, ...
по следа́м I auf den Spuren
по у́лицам II durch die Straßen
побе́да **4С** Sieg
победи́тель/победи́тельница **III** Sieger(in)
побоя́ться *vo. (+ Gen.)* **4УА** Angst haben (vor)
по-ва́шему **2УА** eurer/Ihrer Meinung nach
пове́рить *vo.* (**в** *+ Akk.)* **2ТА** glauben (an)
повторя́ть/повтори́ть **III** wiederholen
(Тебе́) повезло́. III (Du hast) Glück gehabt.

погиба́ть/поги́бнуть 3ТБ umkommen
поговори́ть *vo.* **III** (eine Zeit lang) sprechen
пого́да **II** Wetter
погуля́ть *vo.* **III** (eine Zeit lang) spazieren
под *(+ Instr.)* **II** unter
подари́ть *vo.* **III** schenken
пода́рок **I** Geschenk
подгото́виться *vo.* **II** sich vorbereiten
подру́га **I** Freundin
по-друго́му *Adv.* **4ТА** anders
поду́мать *vo.* **1ТБ** denken
по́езд **I** Zug
пое́здка **II** Reise
Пое́хали! 3ТБ Los geht's!
пое́хать *vo.* **II** fahren, losfahren
пожа́луйста **I** bitte
пожа́р 4ТА Brand
позабо́титься *vo.* (**о** *+ Präp.)* **III** sich kümmern/sorgen (um)
поза́втракать *vo.* **1ТБ** frühstücken
позвони́ть *vo.* **II** anrufen **III** klingeln
по́здний **III** spät
поздравле́ние **I** Glückwunsch
поздравля́ть *uv. (+ Akk.* **с** *+ Instr.)* **I** (jdm. zu ctw.) gratulieren
познако́миться *vo.* (**с** *+ Instr.)* **III** kennenlernen, sich bekannt machen
пойти́ *vo.* **II** gehen, losgehen
Пока́! **I** Tschüss!
пока́ (не) **3ТА** bisher, noch (nicht)
покажи́/те *Imp. Sg./Pl.* **II** zeig/zeigt, zeigen Sie
пока́з I Schau, Vorführung
показа́ться *vo.* **III** scheinen
пока́зывать/показа́ть **II** zeigen
покло́нник I Verehrer
покупа́тель/покупа́тельница **II** Käufer(in)
покупа́ть *uv.* **I** kaufen
поку́пка **II** Einkauf, Kauf
пол **II** Fußboden
поле́зть *vo.* III klettern
полете́ть *vo.* **3ТБ** (los)fliegen
полёт 3ТБ Flug
поли́тик 3УА Politiker(in)
поли́тика 2С Politik

по́лка II Regal
полкило́ II halbes Kilo, Pfund
положе́ние II Lage
полоте́нце III Handtuch
получа́ть/получи́ть II bekommen, erhalten
по́льзоваться *(+ Instr.)* **2С** (be)nutzen
помидо́р II Tomate
помога́ть/помо́чь I, III helfen
по-мо́ему II meiner Meinung nach
по́мощь *f.* **III** Hilfe
понеде́льник I Montag
понима́ть/поня́ть II, III verstehen
понра́виться *vo.* **II** gefallen
пообе́дать *vo.* **1УБ** Mittag essen
поп(-му́зыка) II Pop(musik)
попро́бовать *vo.* **II** probieren, versuchen
попроси́ть *vo.* **2УА** bitten
попуга́й II Papagei
популя́рный 2УБ beliebt
пора́ I es ist Zeit
порт III Hafen
портре́т 1ТА Porträt
по-ру́сски I auf Russisch
поря́док III Ordnung
посети́тель *m.* **4УБ** Besucher
посеща́ть/посети́ть II besuchen
посиде́ть *vo.* **III** (eine Zeit lang) sitzen
по́сле *(+ Gen.)* **I** nach
по́сле того́, как 1УБ nachdem
после́дний II letzter
послу́шать *vo.* **III** (zu-, an-) hören
посмотре́ть *vo.* **II** (an)schauen
посове́товать *vo.* **II** raten, empfehlen
поспеши́ть *vo.* **1ТА** eilen; es eilig haben
по́стер II Poster
постро́ить *vo.* **II** bauen, errichten
посу́да III Geschirr
по-тво́ему 2УА deiner Meinung nach
пото́м I dann, danach
потому́ что II weil
по-туре́цки II auf Türkisch
похо́д 1ТБ Ausflug
похо́ж, -а, -е, -и на *(+ Akk.)* **III** ähneln, ähnlich sein
похо́жий 1ТБ ähnlich
почему́ II warum
почи́стить *vo.* **III** sauber machen, putzen
по́чта II Post
почти́ III fast
почу́вствовать себя́ *vo.* **III** sich fühlen
поэ́тому I deshalb, deswegen
прав, -а́, -о, -ы 2УА recht haben
пра́вда 3ТБ Wahrheit
пра́вда? II nicht wahr?
пра́вило I Regel
пра́вильно I richtig
пра́во 4С Recht
пра́здник I Fest, Feiertag
Пра́здник Весны́ и Труда́ I Tag der Arbeit
пра́здничный III Fest-, festlich
пра́здновать *uv.* **III** feiern
предложе́ние II Satz, Vorschlag
предме́т II (Unterrichts-)Fach; Gegenstand
представля́ешь II stell dir vor
представля́ть/предста́вить себе́ 1ТБ sich etw. vorstellen
презента́ция II Präsentation
президе́нт I Präsident(in)
прекра́сно *Adv.* **I** hervorragend
прекра́сный II wunderschön
при *(+ Präp.)* **4С** unter, zur Zeit von
приблизи́тельно III ungefähr
прибыва́ть/прибы́ть *(***в** *+ Akk.)* **III** ankommen (in)
прибы́тие *(***в** *+ Akk.)* **III** Ankunft (in)
Приве́т! I Hallo!
приглаша́ть/пригласи́ть II einladen
приглаше́ние I Einladung
приду́мывать/приду́мать 3С sich ausdenken
прие́зд: С прие́здом! I Willkommen!
приезжа́ть/прие́хать III (an)kommen
приз II Preis
прийти́ *vo.* **III** (an)kommen
приключе́ние III Abenteuer
прилета́ть/прилете́ть III heranfliegen
принима́ть/приня́ть III (ein)nehmen
принима́ть/приня́ть душ III duschen
приноси́ть/принести́ III bringen
принце́сса 4ТА Prinzessin
приро́да III Natur
присыла́ть/присла́ть 4УБ schicken, senden
приходи́ть *uv.* **III** (an)kommen
прия́тно I angenehm
Прия́тного аппети́та! I Guten Appetit!
про́бка I Stau
пробле́ма I Problem
про́бовать *uv.* **II** probieren, versuchen
проводи́ть/провести́ 1ТА verbringen; durchführen
проводни́к/проводни́ца III Zugbegleiter(in), Schaffner(in)
програ́мма I Programm
программи́ст 3С Programmierer(in)
продава́ть/прода́ть III verkaufen
продава́ться *nur uv.* **1ТА** verkauft werden
продаве́ц/продавщи́ца II Verkäufer(in)
продолжа́ться/продо́лжиться 4С (an)dauern
проду́кты *Pl.* **II** Lebensmittel
прое́кт 1С Projekt
происходи́ть/произойти́ 2ТБ geschehen, sich abspielen
промо́утер 3С Promoter
проси́ть *uv.* **2УА** bitten
проспа́ть *vo.* **II** verschlafen
про́сто I einfach
просыпа́ться/просну́ться 1ТБ aufwachen
протестова́ть *uv.* II protestieren
про́тив *(+ Gen.)* **II** gegen
профессиона́льный I professionell, beruflich, Berufs-
профе́ссия II Beruf
проходи́/те *Imp. Sg./Pl.* II komm (he)rein/kommt (he)rein, kommen Sie (he)rein
проходи́ть/пройти́ III stattfinden **3ТБ** verlaufen
проходи́ть/пройти́ пра́ктику 1С Praktikum absolvieren

прочитáть *vo.* **II** lesen
прóшлое *Subst. n.* **4С** Vergangenheit
прóшлый II vergangen
прóще III einfacher
прямо I geradeaus
прямóй III direkt; geradeaus
пряник II Lebkuchen
психóлог 3С Psychologe(-in)
птица III Vogel
пýблика III Publikum
публикáция 3УА Publikation
пульт 2ТА Fernbedienung
путешéствие III Reise
путешéствовать III reisen
путь *m.* **III** Gleis, Weg
Счастлúвого пути! III Gute Reise!
пюрé *indekl.* **I** (Kartoffel-)Püree
пятёрка II Fünf *(russ. Schulnote)*
пятница I Freitag

Р

рабóта III Arbeit
рабóта на канúкулах 3С Ferienjob
рабóтать *(над + Instr.) uv.* **I,1С** arbeiten (an), funktionieren
рабóтник/рабóтница II Arbeiter(in)
рáд, -а, -ы *(+ Dat.)* **4ТА** froh sein (über), sich freuen (über)
рáдио *indekl.* I Radio
радиостáнция II Radiosender
раз I mal
3 рáза в день III drei Mal täglich
рáзве I etwa
разведены *Pl.* **III** geschieden
разговáривать *uv.* **II** sprechen, reden, sich unterhalten
разговóр II Gespräch
разговóр по телефóну I Telefongespräch
разнóсчик/разнóсчица газéт 3С Zeitungsausträger(in)
рáзный III verschieden
разрушáть/разрýшить 4УБ zerstören
рaйóн II Stadtviertel
Рак III Krebs
рáно I früh
рáньше 1ТА früher
расписáние II Plan; Fahrplan

располóжен, -а, -о, -ы II liegt, liegen *(sich befinden)*
расскáз 2УБ Erzählung
расскáзывать/рассказáть II erzählen
рáтуша II Rathaus
рáфтинг II Rafting
реагúровать *uv.* II reagieren
реáкция 1УА Reaktion
реалúст 3С Realist(in)
реáлити-шóу *n., indekl.* 2С Reality-Show
ребёнок 2ТА Kind
ребята *Pl.* **I** Jugendliche
революция 4С Revolution
рéгги III Reggae
региóн III Region
регулярный III regelmäßig
режиссёр 2УБ Regisseur
результáт III Resultat, Ergebnis
рéйтинг 3С Hitliste
Рейхстáг II Reichstag
рекá II Fluss
реклáма I Reklame, Werbung
рекóрд III Rekord
релúгия II Religion
ремонтúровать *uv.* II reparieren
рентгéн III Röntgenaufnahme
репетúция I Probe, Theaterprobe
репрéссия 4С Repression
респýблика III Republik
реставрáтор 3УА Restaurator(in)
ресторáн I Restaurant
рефeрáт I Referat
рефóрма 4С Reform
реформúровать 4С reformieren
рецéпт III Rezept
решáть/решúть II lösen; entscheiden, beschließen
рис III Reis
рисовáние II Zeichnen
рисовáть *uv.* **1ТА** zeichnen
рисýнок I Zeichnung
рúфма I Reim
рóдина 4ТА Heimat
родúтели *Pl.* **I** Eltern
родúться III geboren werden
роднóй II Heimat-
Рождествó I Weihnachten
рóзовый I rosa
рок-мýзыка I Rockmusik
роль *f.* **III** Rolle
ромáн 2УБ Roman

Российская Федерáция 4С Russische Föderation
рост III (Körper-)Größe
рот III Mund
рубáшка I Hemd
рубль *m.* **I** Rubel
с вас ... рубль/рубля/рублéй I (ich bekomme) von Ihnen ... Rubel
рукá III Hand; Arm
рýсский I russisch
рýсский/рýсская III Russe/Russin
рýсский нéмец 3ТА Russlanddeutscher
рýчка I Füller
рыба II Fisch
Рыбы III Fische
рыжий III rothaarig
рынок II Markt
рэп I Rap
рэ́пер I Rapper
рюкзáк I Rucksack
ряд III Reihe
рядом с *(+ Instr.)* **II** neben

С

с III *(+ Gen.)* von, seit, ab
I *(+ Instr.)* mit
с *(+ Gen.)* **... по** *(+ Akk.)* **II** von ... bis (einschließlich)
с кем? I mit wem?
С приéздом! I Willkommen!
с тех пор 2ТБ seither, seitdem
С уважéнием 4УБ Mit freundlichen Grüßen *(in Briefen)*
с удовóльствием I gern
с утрá до вéчера II von morgens bis abends
сад II Garten
сáдик *Dim.* I Kindergarten
саксофóн III Saxofon
салáт I Salat
сам, -á, -ó, -и 3С selbst
самовáр I Samowar
самолёт I Flugzeug
самостоятельный 3ТА selbstständig
сáмый III *bei Adjektiven zur Bildung des Superlativs*
сантимéтр II Zentimeter
сáхар I Zucker
свáдьба 4ТА Hochzeit

свет III Licht; Welt
свети́ть *uv.* **II** scheinen, leuchten
светло́ *Adv.* II hell
све́тлый III hell; blond
сви́тер I Pullover
свобо́дное вре́мя I Freizeit
свобо́дный I frei, Frei-
сво́дная сестра́ III Stiefschwester
сво́дный брат III Stiefbruder
свой, своя́, своё, свои́ 1ТА *reflexives Possessivpronomen*
сгора́ть/сгоре́ть 4ТА verbrennen
сде́лать *vo.* **II** tun, machen
се́вер II Norden
се́верный: Се́верная Вене́ция II Venedig des Nordens
Се́верные острова́ II Nördliche Inseln
сего́дня I heute
сейча́с I jetzt, gleich
секре́т II Geheimnis
семья́ I Familie
сентя́брь *m.* **I** September
(теле)сериа́л 2С (TV-)Serie
се́рый III grau
серьёзный 3С ernst
сестра́ I Schwester
сжига́ть *uv.* III verbrennen
Сиби́рь *f.* **III** Sibirien
сигна́л 1УА Signal
сиде́ть *uv.* **I** sitzen
си́льный 4УБ stark
си́мвол I Symbol
симпати́чный II sympathisch, nett
си́ний III dunkelblau
систе́ма I System
ситуа́ция 1УБ Situation
скажи́/те *Imp. Sg./Pl.* **I** sag/sagt, sagen Sie
сказа́ть *vo.* **II** sagen
ска́зка 2УБ Märchen
скаме́йка II (Sitz-)Bank
скача́ть 2УА herunterladen, downloaden
скейтбо́рд I Skateboard
скетч I Sketch
сковорода́ III Pfanne
ско́лько *(+ Gen.)***? I** wie viel?
ско́рая по́мощь III Krankenwagen
ско́ро *Adv.* **I** bald
Скорпио́н III Skorpion
скри́пка III Geige
скуча́ть III *hier:* sich langweilen
ску́чно II langweilig
ску́чный 1ТБ langweilig
сла́дость *f.* **III** Süßigkeit
сле́ва *(от + Gen.)* **I** links (von)
сле́дующий II nächster, folgender
сло́во I Wort
сло́жный II kompliziert, schwierig
слома́ть *vo.* III (zer)brechen
случа́йный 2ТБ zufällig
случа́ться/случи́ться 1ТБ passieren, geschehen
слу́шать *uv.* **I** (zu-, an-)hören
слы́шать *uv.* **III** (zufällig) hören, vernehmen
сме́нка II *hier:* Wechselschuhe
смерть *f.* **3ТБ** Tod
смета́на III saure Sahne
смеша́ть *vo.* III vermischen
смешно́й I lustig, komisch
смея́ться *uv.* **2ТА** (aus)lachen
СМИ (сре́дства ма́ссовой информа́ции) 2С (Massen-) Medien
смотре́ть *uv.* **I** anschauen
смотре́ть телеви́зор 2ТА fernsehen
смочь *vo.* **I** können, dürfen
снача́ла I zuerst, zunächst
снег II Schnee
снег идёт/шёл II es schneit/hat geschneit
Снегу́рочка I Schneeflöckchen, Schneemädchen
снежо́к III Schneeball
снима́ть/снять II aufnehmen, filmen
сноубо́рдинг I Snowboarding
соба́ка I Hund
собира́ть/собра́ть II, III sammeln **1ТБ** packen
собо́р *uv.* **I** Kathedrale
собы́тие 4С Ereignis
сове́товать II raten, empfehlen
сове́тский 3ТБ sowjetisch
Сове́тский Сою́з 3ТБ Sowjetunion
совреме́нный III modern, zeitgenössisch
совсе́м I überhaupt, ganz, völlig
согла́сен, согла́сна, согла́сно, согла́сны *(с + Instr.)* **III** einverstanden sein (mit)
сок I Saft
солда́т 4ТБ Soldat
солда́тик 4ТА Spielzeugsoldat
со́лнечные очки́ *nur Pl.* **III** Sonnenbrille
со́лнце II Sonne
соль *f.* **III** Salz
соля́нка III Soljanka *(Fisch-/ Fleischsuppe)*
со́ня *m./f.* I Schlafmütze
сообще́ние III Mitteilung; *hier:* Durchsage
сортирова́ть *uv.* **III** sortieren
сосе́д(ка) I Nachbar(in)
соси́ска II Würstchen
сотру́дник III Mitarbeiter
со́ус I Soße
социа́льный 2ТБ sozial
сочине́ние II Aufsatz
спаге́тти *Pl.* **I** Spaghetti
спа́льня II Schlafzimmer
спаси́бо I danke
спать *uv.* **I** schlafen
спеть *vo.* **III** singen
спеши́ть *uv.* **1ТА** eilen; es eilig haben
специали́ст I Spezialist
спина́ III Rücken
споко́йно I ruhig
спо́нсор II Sponsor
спорт I Sport
спорти́вный II sportlich, Sport-
спортклу́б II Fitnessstudio
спортплоща́дка II Sportplatz
спортсме́н(ка) III Sportler(in)
спорттова́ры II Sportwaren
спра́ва *(от + Gen.)* **I** rechts (von)
спра́шивать/спроси́ть II fragen
спу́тник III Sputnik, Satellit
сра́зу III sofort
среда́ I Mittwoch
сре́дний III Mittel-, mittlerer
сре́дняя шко́ла III Mittelschule
СССР (Сою́з Сове́тских Социалисти́ческих Респу́блик) 4С UdSSR (Union der Sozialistischen Sowjetrepubliken)
стадио́н I Stadion
стака́н III Glas
станови́ться *uv. (+ Instr.)* **3С** werden
ста́нция 1ТА Station
старт I Start
ста́рше 3УА älter
ста́рший III älter; ältester

ста́рый I alt
стать *vo. (+ Instr.)* **3C** werden
статья́ 2УА Artikel
стена́ II Mauer, Wand
стиль *m.* III Stil
стихи́ *Pl.* I Reime, Gedicht
сто́ить *uv.* **I** kosten **2УБ** sich lohnen
стол I Tisch
столи́ца I Hauptstadt
столо́вая II Esszimmer; Kantine
сто́лько *(+ Gen.)* **2TA** so viel(e)
стоп II Stopp
стоя́ть *uv.* **I** stehen
страна́ II Land
стра́нный III seltsam, merkwürdig
страте́гия I Strategie
Стреле́ц III Schütze
стро́гий II streng
стро́ить *uv.* II bauen, errichten
студе́нт(ка) I Student(in)
стул II Stuhl
стю́ард/стюарде́сса 3C Steward(ess)
суббо́та I Samstag
субъе́кт I Subjekt
сувени́ры *Pl.* I Souvenirs
су́мка III Tasche
су́мма I Summe
суп III Suppe
су́пер I super
суперáкция II Sonderangebot
суперма́ркет II Supermarkt
сфотографи́ровать *vo.* **II** fotografieren
схе́ма I Schema, *hier:* Plan, Übersicht
сце́на I Szene, Bühne
сце́нка I (Theater-)Szene
счастли́вый 2TБ glücklich
сча́стье I Glück
счёт III Rechnung
счита́ть *uv.* **2УА** meinen **3TA** *(+ Akk. + Instr.)* (jdn. für etw.) halten **I** rechnen, zählen
съесть *vo.* **III** (auf)essen
сын III Sohn
сыр 1TБ Käse
сы́рник III Quarkpfannkuchen
сэконо́мить *vo.* **III** sparen
сюда́ III hierher
сюрпри́з I Überraschung

Т

тайга́ III Taiga
так I also, so
так себе́ I es geht so, so lala
та́кже II auch, ebenso
тако́й 1TБ solch ein, so ein
такси́ *n., indekl.* **I** Taxi
такси́ст I Taxifahrer
такт I Takt
тала́нт III Talent
тала́нтливый III talentiert
талисма́н III Maskottchen
там I dort (ist)
та́нец 1C Tanz
танцева́ть *uv.* **II** tanzen
та́почки *Pl.* **1C** Pantoffeln, Hausschuhe
таре́лка III Teller
твой, твоя́, твоё, твои́ I dein
теа́тр I Theater
тебя́ зову́т I du heißt
текст I Text
телеви́дение 2TA Fernsehen
телеви́зор I Fernseher
тележурна́л 2C Fernsehzeitung
телепрогра́мма 2C Fernsehprogramm
телефо́н I Telefon
Теле́ц III Stier
те́ма II Thema
температу́ра III Temperatur **III** Fieber
те́ннис I Tennis
тепе́рь I jetzt
тепло́ *Adv.* **II** warm
террито́рия III Territorium
терро́р 4C Terror
те́сный III eng
тест 3C Test
те́хника 3C Technik
те́хно I Techno *(Musikrichtung)*
тёмный III dunkel
тёплый III warm
тётя III Tante
тигр III Tiger
ти́тул III Titel
ти́хий 1TБ still, leise
ти́ше 3УА leiser
то 4TA dann
-то 4TA irgend-
тогда́ I so, dann
то́же I auch
ток-шо́у *n., indekl.* 2C Talk-Show
то́лько I nur
то́нна 4TБ Tonne
торт III Torte
тот, та, то, те III jener, jene, jenes, jene
тради́ция III Tradition
тра́ктор I Traktor
трамва́й I Straßenbahn
тра́нспорт I Verkehrsmittel
Трансси́б III Transsibirische Eisenbahn
тре́нер I Trainer
трениро́вка I Training
тре́тий I dritter
три́ллер 2C Thriller
тро́йка II Drei *(russ. Schulnote)* **III** Troika *(Pferdeschlitten)*
тролле́йбус I O(berleitungs)-Bus
труд II Arbeit; Werkunterricht, Arbeitslehre
тру́дно I schwierig, schwer
трэк I Track
туале́т II Toilette
туда́ I dahin, dorthin
ту́льский II Tulaer, aus Tula stammend
ту́ндра III Tundra
тур II Tour
туре́цкий III türkisch
тури́ст I Tourist
Ту́рция II Türkei
ту́фли *Pl.* **I** Schuhe
ты I du
Ты что!? II Spinnst du?
тяну́ть *uv.* III ziehen

у *(+ Gen.)* **I** bei
у кого́? II bei wem? *hier:* wer hat?
у меня́, у тебя́, … I ich habe, du hast, …
У нас вре́мени нет. II Wir haben keine Zeit.
убива́ть/уби́ть 3TБ umbringen
убира́ть/убра́ть II aufräumen, in Ordnung bringen
уважа́емый 4УБ sehr geehrter *(Anrede)*
уве́ренный 3TA sicher
уви́деть *vo.* **II** sehen
увлека́ться/увле́чься *(+ Instr.)* **2УА** sich begeistern (für)

удало́сь 3ТБ es gelang
уда́рные (инструме́нты) III Schlagzeug
удивля́ть/удиви́ть III erstaunen, überraschen
удивля́ться *uv.* I staunen, sich wundern
удо́бно *Adv.* **II** bequem
удово́льствие: с удово́льствием I gern
уезжа́ть/уе́хать III wegfahren
у́жас I entsetzlich, schrecklich
ужа́сный 1ТА schrecklich, furchtbar
уже́ I schon
у́жин I Abendessen
у́жинать *uv.* **I** Abend essen
узнава́ть/узна́ть II erfahren **III** erkennen
уйти́ *vo.* **III** weggehen
украша́ть *uv.* I schmücken
улета́ть/улете́ть III wegfliegen
у́лица I Straße
улыба́ться/улыбну́ться III lächeln
уме́ть *uv.* **III** können; verstehen (zu tun)
умира́ть/умере́ть 2ТБ sterben
у́мница *m./f.* III „kluger Kopf"
у́мный III klug
универма́г I Kaufhaus
упа́сть *vo.* **III** (hin)fallen
уро́к I Lektion; Unterrichtsstunde
услы́шать *vo.* **III** (zufällig) hören; vernehmen
успе́х I Erfolg
успе́шный III erfolgreich
уста́л, -а, -о, -и III müde sein
у́тро I Morgen
у́тром I morgens, am Morgen
у́хо; *Nom. Pl.* **у́ши III** Ohr
уходи́ть *uv.* **III** weggehen
уча́ствовать *uv.* **(в** + *Präp.)* **II** teilnehmen (an)
уче́бник I Lehrbuch
учени́к/учени́ца I Schüler(in)
учёный 1ТА Wissenschaftler(in)
учи́тель/учи́тельница I Lehrer(in)
учи́ть *uv.* **I** lernen
учи́ться *uv.* **II** lernen, studieren
ую́тный 1ТА gemütlich

Ф

факт III Tatsache
фами́лия II Familienname, Nachname
фантасти́ческий фильм 2С Science-Fiction-Film
февра́ль *m.* **I** Februar
фейерве́рк II Feuerwerk
фестива́ль *m.* II Festival
фи́зик 3УА Physiker(in)
фи́зика II Physik
физкульту́ра II Sport *(Schulfach)*
фикти́вный 4ТА fiktiv
филосо́фия 4УА Philosophie
фильм I Film
фи́рма 1С Firma
фи́тнес I Fitness
фле́йта III Flöte
фле́шка II USB-Stick
флешмо́б III Flashmob
фолькло́р III Folklore
фонд 1С Stiftung
фонта́н II Springbrunnen
фо́рма II (Schul-)Uniform
фо́то *indekl.* **I** Foto
фото́граф 3ТА Fotograf
фотографи́ровать *uv.* **II** fotografieren
фотогра́фия II Foto
Фра́нция II Frankreich
францу́зский III französisch
францу́зский язы́к II Französisch
фру́кты *Pl.* **II** Früchte, Obst
футбо́л I Fußball
футболи́ст(ка) III Fußballer(in)
футбо́лка I T-Shirt
футбо́льный II Fußball-
фэ́нтези 2УБ Fantasy

Х

ха́ос I Chaos
хара́ктер III Charakter
хард-ро́к III Hardrock
хи́мик 3УА Chemiker(in)
хи́мия II Chemie
хлеб I Brot
хо́бби *n., indekl.* **I** Hobby
ходи́ть *unbest., uv.* **I** gehen
хокке́й I Hockey
холоди́льник III Kühlschrank
хо́лодно *Adv.* **II** kalt
холо́дный II kalt
хому́с III Maultrommel *(jakutisches Musikinstrument)*
хор I Chor
хоро́ший II gut
хорошо́ *Adv.* **I** gut
хо́стел II Jugendherberge
хоте́ть *uv.* **II** wollen
(мне) хо́чется 2ТА (ich) möchte/würde gern
хотя́ 1ТА obwohl
худо́жественный фильм 2С Spielfilm
худо́жник II Künstler
ху́дший III schlechter; schlechtester
ху́же III schlechter

Ц

царь *m.*/**цари́ца II, 4ТА** Zar(in)
цвет; *Nom. Pl.* **цвета́ I** Farbe
цвето́к; *Nom. Pl.* **цветы́ I** Blume
Це́зарь *m.* I Cäsar
целу́ю I *hier:* mit lieben Grüßen
це́лый III ganz
цена́ II Preis
центр I Zentrum, Mitte
цепо́чка I *hier:* Kettenübung
ци́ркуль *m.* I Zirkel
ци́фра I Ziffer, Zahl

Ч

чай *m.* **I** Tee
час I Stunde; Uhr *(Zeitangabe)*
ча́сто I oft, häufig
часть *f.* **4ТА** Teil
чат I Chat
ча́шка III Tasse
челове́к I Mensch
чем I womit, wofür **III** *(Vergleich)* als
чемода́н III Koffer
чемпиона́т II Meisterschaft
че́рез *(+ Akk.)* **II** über, durch; nach, in
че́стный III ehrlich, fair
четве́рг I Donnerstag
четвёрка II Vier *(russ. Schulnote)*
Чёрное мо́ре II Schwarzes Meer
чёрный I schwarz
число́ I Zahl, Datum
чи́стить *uv.* **III** sauber machen, putzen

чи́сто *Adv.* **II** sauber
чистота́ III Sauberkeit
чита́тель/чита́тельница II Leser(in)
чита́ть *uv.* **I** lesen
чте́ние III Lesen
что 2УА dass
что? I was?
Что де́лать? I Was (ist zu) tun?
что тако́е 1ТБ was ist (das)
что́бы III *(+ Inf.)* um zu
2ТА *(+ Prät.)* damit; dass
чу́вствовать себя́ *uv.* **III** sich fühlen

Ш

шама́н III Schamane
шанс II Chance
ша́пка I Mütze
ша́рик **III** Luftballon
шарф I Schal
шахмати́ст(ка) III Schachspieler(in)
ша́хматный клуб III Schachclub
ша́хматы *nur Pl.* **III** Schach
шашлы́к II Schaschlik; Fleischspieß
шве́дский 4ТА schwedisch
шика́рный II schick
широ́кий I weit, breit
шкату́лка I Schatulle, Kästchen
шкаф II Schrank
шко́ла I Schule
шко́ла-партнёр 1С Partnerschule
шко́льный II Schul-
шни́цель *m.* I Schnitzel
шок III Schock
шокола́дка *Dim.* I Schokoriegel
шо́пинг I Shopping
шо́у-програ́мма I Show
шпарга́лка 2УА Spickzettel
штраф III Strafe
штурм II Erstürmung
шу́тка I Scherz

Щ

щёлкать пу́льтом *uv.* **2ТА** zappen
щи III Schtschi *(Kohlsuppe)*

Э

экза́мен 1ТА Prüfung, Examen
экологи́ческий III ökologisch, Umwelt-
эколо́гия II Ökologie
эконо́мить *uv.* **III** sparen
экофана́т III Ökofreak
экску́рсия II Exkursion, Ausflug
экспеди́ция III Expedition
экспериме́нт 1УА Experiment
экспона́т II Exponat, Ausstellungsgegenstand
экстри́м II Extremsport
элега́нтный III elegant
эле́ктрик 3УА Elektriker(in)
электри́чество III Strom
электри́чка I Vorortbahn, S-Bahn
эпо́ха 4С Epoche
эта́ж II Stockwerk, Etage
эта́п 4С Etappe
э́тика II Ethik
э́то I das ist, dies ist
э́тот, э́та, э́то, э́ти I dieser, diese, dieses, diese
эфи́р: в эфи́ре II auf Sendung

Ю

ю́бка I Rock
юг II Süden
ю́жный 1С südlich, Süd-
юла́ I (Holz-)Kreisel
юри́ст 3С Jurist(in)

Я

я I ich
я на мину́точку I ich bin gleich wieder zurück
я́блоко I Apfel
я́блочный сок III Apfelsaft
яи́чница 1ТБ Rührei
яйцо́ II Ei
янва́рь *m.* **I** Januar
янта́рный 4ТБ Bernstein-
янта́рь *m.* **4ТБ** Bernstein
я́рмарка III Jahrmarkt
я́сно I klar

A

ab III с *(+ Gen.)*
Abend I вéчер
abendlich, Abend- II вечéрний
abends, am Abend I вéчером
von morgens bis abends II
с утрá до вéчера
Abend essen I ýжинать *uv.*
Abendessen I ýжин
Abenteuer III приключéние
aber I но, а
abfahren III отправля́ться/
отпрáвиться
Abfahrt III отправлéние
abfliegen III вылетáть/вы́лететь
abholen I забирáть *uv.*
abschaffen 4C отменя́ть/отмени́
absolut 2УА абсолю́тный
sich **abspielen 2ТБ**
происходи́ть/произойти́
Abteil III купé
Achtung! III внимáние
I Осторóжно!
Adresse II áдрес
Ägypten II Еги́пет
ähneln, ähnlich sein III похóж,
-а, -е, -и на *(+ Akk.)*
ähnlich 1ТБ похóжий
Akrobat III акробáт
Aktenordner I пáпка
Aktion III áкция
aktiv II акти́вный
alle II, III все *Pl.* **II** кáждые
alles I, III всё *n.*
allein 1УА оди́н, однá, однó,
одни́
alles Gute I всегó хорóшего
I всегó дóброго
Alphabet I алфави́т
als III когдá **III** *(Vergleich)* чем
also I так; итáк
alt I стáрый
älter III стáрший **3УА** стáрше
ältester III стáрший
Amerika III Амéрика
Amur- III амýрский
sich **amüsieren III** весели́ться
an 1C за *(+ Instr.)*
andauern 4C продолжáться/
продóлжиться
anderer II другóй
anders 4ТА по-другóму *Adv.*
Anfang III начáло
anfangen II, III начинáться/
начáться **III** начинáть/начáть
angeln II лови́ть ры́бу
angenehm I прия́тно
Angina III анги́на
Angst haben (vor) **4УА** боя́ться/
побоя́ться *(+ Gen.)*
ankommen (in) **III** прибывáть/
прибы́ть (в *+ Akk.)*
III приезжáть/приéхать
III приходи́ть/прийти́
Ankunft (in) **III** прибы́тие
(в *+ Akk.)*
anrufen I, II звони́ть/позвони́ть
(+ Dat.)
anschauen I, II смотрéть/
посмотрéть
antworten I, III отвечáть/
отвéтить
anziehen 1C надевáть/надéть
Anzug I костю́м
Apfel I я́блоко
Apfelsaft III я́блочный сок
Apotheke I аптéка
Appetit: Guten Appetit! I
Прия́тного аппети́та!
April I апрéль *m.*
Arbeit III рабóта **I** труд
Tag der Arbeit I Прáздник
Весны́ и Трудá
arbeiten (an) **1C** рабóтать
(над *+ Instr.)*
Arbeiter(in) I рабóтник/
рабóтница
arbeitsfrei: arbeitsfreie Tage II
выходны́е (дни)
Arbeitsgemeinschaft II кружóк
Arbeitslehre II труд
arbeitslos 3ТА безрабóтный
Arbeitszimmer II кабинéт
Archäologe(-in) 3УА археóлог
Architekt II архитéктор
Argument III аргумéнт
Arm III рукá; *Nom. Pl.* рýки
Armee 4C áрмия
Art 2C вид
Artikel 2УА статья́;
Gen. Pl. статéй
Arznei III лекáрство
Arzt/Ärztin I врач
auch II тóже, и **II** тáкже
auf I на *(+ Akk./Präp.)*
aufessen III съесть *vo.*
Aufgabe I задáние
aufgeregt sein II волновáться/
взволновáться
aufhalten III останáвливать/
останови́ть
aufheben *(abschaffen)* **4C**
отменя́ть/отмени́ть
aufhören 2ТА перестáть *vo.*
aufmachen: mach auf/macht auf,
machen Sie auf II открóй/те!
Imp. Sg./Pl.
aufmerksam I внимáтельно
Aufmerksamkeit III внимáние
aufnehmen II снимáть/снять
aufräumen II убирáть/убрáть
sich **aufregen II** волновáться/
взволновáться
Aufregung III волнéние
Aufsatz II сочинéние
Aufstand 4C восстáние
aufstehen I вставáть *uv.*
auftreten III выступáть/
вы́ступить
aufwachen 1ТБ просыпáться/
проснýться
Auge III глаз; *Nom. Pl.* глазá
Augenblick: einen Augenblick I
минýточку *Akk., Dim.*
August I áвгуст
Aula I áктовый зал
aus I из *(+ Gen.)*
sich **ausdenken 3C**
придýмывать/придýмать
Ausflug II экскýрсия **1ТБ** похóд
ausgezeichnet I отли́чный
2ТА замечáтельный
auslachen 2ТА смея́ться
Ausland: im Ausland II
за грани́цей
ins Ausland 3ТБ за грани́цу
Ausländer 4УА инострáнец;
Gen. инострáнца
ausländisch II инострáнный
sich **ausruhen II** отдыхáть/
отдохнýть
ausschalten 2УА выключáть/
вы́ключить
Aussehen III внéшность *f.*
aussehen III вы́глядеть *uv.*
Außenseiter I аутсáйдер
außer 1ТБ крóме *(+ Gen.)*
außerdem 3ТА крóме тогó
Äußeres III внéшность *f.*
aussteigen III выходи́ть/вы́йти

Ausstellung II вы́ставка
Ausstellungsgegenstand II экспона́т
Austausch III обме́н
Auswahl III вы́бор
Auswanderung 4УА переселе́ние
Auto I маши́на
Autobus I авто́бус
Autor(in) 2УБ а́втор

B

backen III печь/испе́чь
Bad(ezimmer) II ва́нная
Badehose III пла́вки *nur Pl.; Gen.* пла́вок
baden II купа́ться *uv.*
Badewanne II ва́нна
Bahnhof II вокза́л
Bahnsteig III платфо́рма
Baikal(see) II Байка́л
Baikal-Robbe III не́рпа
Balalaika I балала́йка
bald I ско́ро *Adv.*
Ballett II бале́т
Banane II бана́н
Band *(Gruppe)* I гру́ппа
Bank II *(Sitz-)* скаме́йка **I** банк
Bär III медве́дь *m.*
Basketball I баскетбо́л
Bauch III живо́т
bauen II стро́ить/постро́ить
Bauer 4С крестья́нин; *Nom. Pl.* крестья́не, *Gen. Pl.* крестья́н
Bauern- 3ТБ крестья́нский
Baum 4ТА де́рево; *Nom. Pl.* дере́вья
bedeuten: das bedeutet 1УБ зна́чит
bedeutend 3ТБ вели́кий
Bedeutung III значе́ние
beenden III конча́ть/ко́нчить
sich **befinden I** находи́ться *uv.*
befreundet sein (mit) **1ТА** дружи́ть *(с + Instr.)*
begegnen III встреча́ть/встре́тить
sich **begeistern** (für) **2УА** увлека́ться/увле́чься *(+ Instr.)*
beginnen II, III начина́ться/нача́ться **III** начина́ть/нача́ть
bei II у *(+ Gen.)* **II** о́коло *(+ Gen.)* **1С** за *(+ Instr.)*
bei wem? II у кого́?
Beilage III гарни́р
Bein III нога́; *Nom. Pl.* но́ги
Beispiel: zum Beispiel III наприме́р
bekannt III изве́стный
sich **bekannt machen III** знако́миться/познако́миться *(с + Instr.)*
bekommen II получа́ть/получи́ть
belegtes Brot III бутербро́д
beliebt 2УБ популя́рный
Benennung I назва́ние
benutzen 2С по́льзоваться *(+ Instr.)*
bequem II удо́бно *Adv.*
bereit II гото́вый
Berg II гора́
Bericht 1УБ отчёт
Bernstein 4ТБ янта́рь *m.; Gen.* янтаря́
Bernstein- 4ТБ янта́рный
Beruf II профе́ссия
beruflich, Berufs- I профессиона́льный
berühmt I знамени́тый
sich **beschäftigen I** занима́ться *uv. (+ Instr.)*
beschließen II реша́ть/реши́ть
besonders I осо́бенно
besser I лу́чше **III** лу́чший
bester III лу́чший
bestellen III зака́зывать/заказа́ть
Besuch: zu Besuch sein (bei) **II** быть в гостя́х *(у + Gen.)*
besuchen II посеща́ть/посети́ть **III** ходи́ть в го́сти *unbest.*; идти́ в го́сти *best.*
Besucher 4УБ посети́тель *m.*
betreten III входи́ть/войти́
Bett II крова́ть *f.*
bewohnt 2ТБ обита́емый
bezahlen III плати́ть/заплати́ть
Bezeichnung I назва́ние
Bibliothek I библиоте́ка
Bier III пи́во
Bikini III бики́ни
Bild II карти́на **2УБ** *(Filmszene)* кадр
billig II дешёвый; дёшево *Adv.*
billiger 3УА деше́вле
Bingo (Spiel) I би́нго
Biografie 3УБ биогра́фия
Biologe(-in) 3УА био́лог
Biologie II биоло́гия
bis I до *(+ Gen.)*
bis jetzt 3ТБ до сих пор
Bis morgen! I До за́втра!
bisher 3ТА пока́ (не)
Bistro III бистро́
bitte I пожа́луйста
bitten 2УА проси́ть/попроси́ть
Bleistift I каранда́ш
Blog 1ТБ блог
blond III све́тлый
Blume I цвето́к; *Nom. Pl.* цветы́
Boden III земля́
Boeuf Stroganoff *(geschnetzeltes Rindfleisch)* **III** бефстро́ганов
Bolschewik *(Parteimitglied, Anhänger Lenins)* **4С** большеви́к
Bord II борт
Borschtsch *(Rote-Bete-Suppe)* **III** борщ
Bouillon I бульо́н
Boutique II бути́к
Brand 4ТА пожа́р
brauchen III ну́жен, нужна́, ну́жно, нужны́
braun I кори́чневый **III** *(Augen)* ка́рий
Bravo! I Молоде́ц!
Breakdancer II брейк-да́нсер
brechen III лома́ть/слома́ть
breit I широ́кий
Brief I письмо́
bringen III приноси́ть/принести́ **4ТБ** *(transportieren)* перевози́ть/перевезти́
Brot I хлеб
Brücke II мост
Bruder I брат
Buch I кни́га
Buchhalter 3УА бухга́лтер
Buchhandlung II кни́жный магази́н
Büfett I буфе́т
Bühne I сце́на
Bulette III котле́та
Bundesland II земля́
Bürgermeister I мэр
Büro II кабине́т **3ТА** о́фис **I** бюро́ *indekl.*
Butter I ма́сло

C

Café **I** кафе́ *n., indekl.*
Camp **II** ла́герь *m.*
Cappuccino I капучи́но
Cäsar I Це́зарь *m.*
CD-Player II CD-пле́ер
Chance II шанс
Chaos I ха́ос
Charakter **III** хара́ктер
Chat I чат
Chemie **II** хи́мия
Chemiker(in) 3УА хи́мик
Chor I хор
(Video-)Clip 3C клип
Collage I колла́ж
Comic I ко́микс
Computer **I** компью́тер
Computerraum **I** кабине́т информа́тики
Computerspiel **II** компью́терная игра́
Cousin(e) **III** двою́родный брат/двою́родная сестра́

D

da (ist) **I** вот
dahin **I** туда́
damals **3ТБ** в то вре́мя
Dame **4ТА** да́ма
damit **2ТА** что́бы *(+ Prät.)*
danach **I** пото́м
dankbar **4УБ** благода́рный
danke **I** спаси́бо
danken: nichts zu danken I не́ за что
dann **I** пото́м, тогда́ **4ТА** то
das: das ist **I** э́то
dass **2ТА** что́бы *(+ Prät.)* **2УА** что
Datscha **II** да́ча
Datum **I** число́
dauern **4C** продолжа́ться/продо́лжиться
dein **I** твой, твоя, твоё, твои
Dekabrist *(Teilnehmer am Dezemberaufstand 1825)* **4C** декабри́ст
denken **I, 1ТБ** ду́мать/поду́мать
Denkmal **II** па́мятник *(+ Dat.)*
denn I же
dennoch **1ТА** всё-таки
deshalb **I** по́этому
Designer(in) I диза́йнер
Dessert **III** десе́рт
deswegen **I** по́этому
deutsch **III** неме́цкий
Deutsch *(Sprache)* **I** неме́цкий язы́к
auf Deutsch **I** на неме́цком (языке́)
Deutsche(r) **III** не́мец/не́мка
Dezember **I** дека́брь *m.*
Dieb **II** вор
Dienst *(Aufräum-)* **II** дежу́рство
Dienst haben **II** дежу́рить
Dienstag **I** вто́рник
diensthabend **II** дежу́рный
dies ist **I** э́то
dieser **I** э́тот, э́та, э́то, э́ти
Ding **III** вещь *f.*
direkt **III** прямо́й
Direktor(in) **II** дире́ктор
Dirigent 3ТА дирижёр
Diskothek **I** дискоте́ка
Diskussion 2УА диску́ссия
diskutieren II дискути́ровать *uv.*
Disziplin II дисципли́на
diszipliniert **III** дисциплини́рованный
doch II ведь, же
Dokument I докуме́нт
Dokumentarfilm **2C** документа́льный фильм
Donnerstag **I** четве́рг
Dorf **II** дере́вня
dort (ist) **I** там
dorthin **I** туда́
downloaden **2УА** скача́ть
Drama **2C** дра́ма
Drei *(russ. Schulnote)* **II** тро́йка
drittens **3УА** в-тре́тьих
dritter **I** тре́тий
du **I** ты
dumm **III** глу́пый
dunkel **III** тёмный
dunkelblau **III** си́ний
durch **I** по *(+ Dat.)*; че́рез *(+ Akk.)*
durchführen **1ТА** проводи́ть/провести́ *vo.*
Durchsage **III** сообще́ние
dürfen **II** мочь/смочь
man darf **II** мо́жно
man darf nicht **III** нельзя́ *(+ uv. Inf.)*
Dusche II душ
duschen **III** принима́ть/приня́ть душ

E

ebenso II та́кже
echt **III** настоя́щий
Ehefrau **III** жена́; *Nom. Pl.* жёны
Ehemann **III** муж; *Nom. Pl.* мужья́
ehrlich **III** че́стный
Ei **I** яйцо́
Eierkuchen I омле́т
eilen, es eilig haben **1ТА** спеши́ть/поспеши́ть
einander **1C** друг дру́га
die einen …, die anderen … **3ТБ** одни́ …, други́е …
einer 3ТБ одни́м *(Instr. Sg. von* оди́н*)*
einfach **I** про́сто
einfacher **III** про́ще
Eingang **I** вход
Einheimischer **III** ме́стный жи́тель
einige, ein paar **II** не́сколько *(+ Gen.)*
Einkauf **II** поку́пка
einladen **II** приглаша́ть/пригласи́ть
Einladung **I** приглаше́ние
einnehmen **III** принима́ть/приня́ть
Eins *(russ. Schulnote)* **II** едини́ца
einsam **2ТБ** одино́кий
einschalten **2ТА** включа́ть/включи́ть
einsetzen **4ТБ** испо́льзовать *uv. und vo.*
Einstellung haben (zu, gegenüber) **4УА** относи́ться/отнести́сь к *(+ Dat.)*
Eintrittskarte **II** биле́т
einverstanden sein (mit) **III** согла́сен, согла́сна, согла́сно, согла́сны (с *+ Instr.)*
einweihen **III** открыва́ть/откры́ть
Einwohner **III** жи́тель *m.*
Eis **I** лёд
Eis *(Speise-)* **I** моро́женое
Eisbär **III** бе́лый медве́дь *m.*
Eiscafé II кафе́-моро́женое
Eisenbahn **III** желе́зная доро́га
Eissäule III ледяно́й столб
elegant III элега́нтный
Elektriker(in) 3УА эле́ктрик
Eltern **I** роди́тели *Pl.*

E-Mail I e-mail; *Nom. Pl.* емéйлы
empfehlen II совéтовать/посовéтовать
Ende II конéц; *Gen.* концá
enden, zu Ende gehen/sein II, III кончáться/кóнчиться
endlich II наконéц
eng III тéсный
England III Áнглия
englisch II английский
Englisch *(Sprache)* **II** английский язык
Enkel(in) III внук/внýчка
entscheiden II решáть/решить
Entschuldigt!/Entschuldigen Sie! I Извините!
Entschuldigung! I Извини меня!
entsetzlich I ýжас
Entspannung II óтдых
entweder … oder 1TA или …, или
Epoche 4C эпóха
er I он
Erde III земля
Erdkunde II геогрáфия
Ereignis 4C событие
erfahren II узнавáть/узнáть
Erfolg I успéх
erfolgreich III успéшный
erforschen III изучáть/изучить
Ergebnis III результáт
erhalten II получáть/получить
sich **erholen II** отдыхáть/отдохнýть
Erholung II óтдых
sich **erinnern** (an) **4TA** вспоминáть/вспóмнить *(+ Akk.)*
erkennen III узнавáть/узнáть
erklären III объяснять/объяснить
erlauben: es ist nicht erlaubt III нельзя *(+ uv. Inf.)*
ernst 3C серьёзный
Eröffnung I открытие
errichten II стрóить/пострóить
erscheinen 2УБ выходить/выйти
Erscheinungsjahr 2ТБ год выхода
erstaunen III удивлять/удивить
erster I пéрвый
erstens 3TA во-пéрвых
Erstürmung I штурм
erzählen II расскáзывать/рассказáть
Erzählung 2УБ расскáз
es I онó
essen II, III есть/съесть
Esszimmer II столóвая
Etage II этáж
Etappe 4C этáп
Ethik II э́тика
etwa I рáзве
etwas III немнóго *(+ Gen.)*
euer II ваш, вáша, вáше, вáши
Euro I éвро *m., indekl.*
Examen 1TA экзáмен
Exkursion II экскýрсия
Expedition III экспедиция
Experiment 1УА эксперимéнт
Exponat II экспонáт
Extremsport II экстрим

F

Fabrik III завóд
Fach *(Unterrichts-)* **II** предмéт
fahren I éздить *unbest., uv.*; éхать *best., uv.* **II** поéхать *vo.* **I** *(zum Vergnügen)* катáться *uv.* *(на + Präp.)*
Fahrkarte II билéт
Fahrplan II расписáние
Fahrrad I велосипéд
fair III чéстный
fallen III пáдать/упáсть
falls III éсли
falsch I непрáвильно
Familie I семья
Familienname II фамилия
fangen II ловить *uv.*
Fantasy 2УБ фэ́нтези
Farbe I цвет; *Nom. Pl.* цветá
fast III почти
Februar I феврáль *m.*
Federmappe I пенáл
feiern III прáздновать *uv.*
Feiertag I выходнóй день **I** прáздник
Fenster I окнó
Ferien II канúкулы *nur Pl.*
Ferienjob 3C рабóта на канúкулах
Fernbedienung 2TA пульт
ferner III дáлее
fernsehen 2TA смотрéть телевúзор
Fernsehen 2TA телевúдение
Fernseher I телевúзор
Fernsehprogramm 2C телепрогрáмма
Fernsehzeitung 2C тележурнáл
fertig II готóвый
Fest II вечерúнка **I** прáздник
festlich, Fest- III прáздничный
Festival I фестивáль *m.*
Festung II крéпость *f.*
Feuerwerk I фейервéрк
Fieber III температýра
fiktiv 4TA фиктúвный
Film I фильм
Filmszene 2УБ кадр
filmen II снимáть/снять
finden II, 2ТБ находúть/найтú
Finger III пáлец; *Gen.* пáльца
Firma 1C фúрма
Fisch II рыба
Fische III Рыбы
Fitness I фúтнес
Fitnessstudio II спортклýб
Flachbild-Fernseher 2TA плáзма
Fläche III плóщадь *f.*
Flasche II бутылка
Flashmob III флешмóб
Fleisch II мясо
Fleischspieß II шашлык
Fliege II мýха
fliegen I летáть *unbest., uv.*; летéть *best., uv.*
(los)fliegen 3ТБ полетéть *vo.*
Flieger 3ТБ лётчик
Flöte III флéйта
Flug 3ТБ полёт
Flug- 3ТБ авиациóнный
Flughafen I аэропóрт
Flugzeug I самолёт
Flur II коридóр
Fluss II рекá
folgender II слéдующий
Folklore III фольклóр
Foto I фóто *indekl.* **II** фотогрáфия
Fotograf 3TA фотóграф
fotografieren II фотографúровать/сфотографúровать
Frage 1УБ вопрóс
fragen II спрáшивать/спросúть
Frankreich II Фрáнция
französisch III францýзский
Französisch *(Sprache)* II францýзский язык
Frau III жéнщина

Frau *(Anrede)* **4УБ** госпожа́
Frauentag I Же́нский день
frei, Frei- I свобо́дный
Freitag I пя́тница
Freizeit I свобо́дное вре́мя
sich **freuen** (über) **4ТА** рад, -а, -ы *(+ Dat.)*
Freund I друг; *Nom. Pl.* друзья́
Freundin I подру́га
Frieden III мир
Frikadelle III котле́та
Friseur(in) 3УА парикма́хер
froh sein, erfreut sein (über) **I, 4ТА** рад, -а, -ы *(+ Dat.)*
Früchte II фру́кты *Pl.*
früh I ра́но
früher 1ТА ра́ньше
Frühling I весна́
im Frühling I весно́й
Frühlings- II весе́нний
Frühstück I за́втрак
frühstücken I за́втракать/ **1ТБ** поза́втракать
Fuchs 1ТБ лиса́
sich **fühlen III** чу́вствовать себя́/ почу́вствовать себя́
Führer II гид
Füller I ру́чка
Fünf *(russ. Schulnote)* **II** пятёрка
funktionieren I рабо́тать *uv.*
furchtbar 1ТА ужа́сный
für II за *(+ Akk.)*; для *(+ Gen.)* **III** *(Zeit)* на *(+ Akk.)*
Fuß III нога́; *Nom. Pl.* но́ги
zu Fuß I пешко́м
Fußball I футбо́л
Fußball- II футбо́льный
Fußballer(in) III футболи́ст(ка)
Fußboden II пол

G

Gabel III ви́лка; *Gen. Pl.* ви́лок
ganz III весь, вся, всё, все **III** це́лый **I** совсе́м
Garderobe II гардеро́б
Gardine II гарди́на
Garten II сад
Gast I гость *m.*
Gebäude III зда́ние
geben III дава́ть *uv.* **4ТА** дать *vo.*
es gibt I есть
gib/gebt, geben Sie I дай/те *Imp. Sg./Pl.*
geboren werden III роди́ться
Geburtstag I день рожде́ния
Gedicht I стихи́ *Pl.*
geehrt: sehr geehrter *(Anrede)* **4УБ** уважа́емый
gefallen II нра́виться/ понра́виться
gegen II про́тив *(+ Gen.)*
Gegenstand II предме́т
gegenüber I напро́тив *(+ Gen.)*
Gehalt 3ТА зарпла́та
Geheimnis II секре́т
gehen I ходи́ть *unbest., uv.*; идти́ *best., uv.* **II** пойти́ *vo.*
geh/geht, gehen Sie I иди́/те *Imp. Sg./Pl.*
Geige III скри́пка
gelb I жёлтый
Geld II де́ньги *nur Pl.*
gelingen: es gelang 3ТБ удало́сь
Gemälde II карти́на
gemäß III по *(+ Dat.)*
Gemüse II о́вощи *nur Pl.*
Gemüse- III овощно́й
gemütlich 1ТА ую́тный
Genie 2ТА ге́ний
Genre 2УБ жанр
Geografie II геогра́фия
Geologe(-in) 3С гео́лог
Gepäck III бага́ж; *Gen.* багажа́
geradeaus I пря́мо **III** прямо́й
Gericht III блю́до
gern I с удово́льствием
gern: (ich) würde gern 2ТА (мне) хо́чется
gern haben I люби́ть *uv.*
Geruch 1ТБ за́пах
Geschäft II магази́н
durchgehend geöffnetes Geschäft II круглосу́точный магази́н
Geschäftsmann 3С бизнесме́н
geschehen 1ТБ случа́ться/ случи́ться **2ТБ** происходи́ть/ произойти́
Geschenk I пода́рок
Geschichte II исто́рия
geschieden III разведены́ *Pl.*
Geschirr III посу́да
Gesicht III лицо́
Gespräch II разгово́р
gestern II вчера́
Gesundheit I здоро́вье
Getränk I напи́ток
gewöhnlich I обы́чно
gigantisch II гига́нтский
Gitarre I гита́ра
Gitarrist I гитари́ст
Glas III стака́н
Glaube 4ТА ве́ра
glauben (an) **2ТА** ве́рить/ пове́рить *(в + Akk.)*
gleich I сейча́с
gleich: ist gleich I бу́дет
Gleis III путь *m.*
Glück I сча́стье
(Du hast) Glück gehabt. III (Тебе́) повезло́.
glücklich 2ТБ счастли́вый
Glückwunsch I поздравле́ние
Gold 4ТА зо́лото
Goldener Ring *(altruss. Städte um Moskau)* **III** Золото́е кольцо́
Grad II гра́дус
Gramm II грамм
Grammatik I грамма́тика
(jdm. zu etw.) **gratulieren I** поздравля́ть *uv. (+ Akk.* с *+ Instr.)*
grau III се́рый
Grenze II грани́ца
Grippe I грипп
groß I большо́й **III** *(hoch)* высо́кий **3ТБ** *(bedeutend)* вели́кий
zu groß 2УБ вели́к, -а́, -о́, -и́
großartig I здо́рово
Größe *(Körper-)* **III** рост
größer III бо́льше **3УА** *(höher)* вы́ше
Großmeister III гроссме́йстер
Großmutter I ба́бушка
Großraumwagen III плацка́ртный ваго́н
Großvater I де́душка
grün I зелёный
gründen 4ТБ осно́вывать/ основа́ть
Grundschule III нача́льная шко́ла
Gründung 4С основа́ние
Gruppe I гру́ппа
Gruß: mit lieben Grüßen I целу́ю

Gruß: Mit freundlichen Grüßen *(in Briefen)* **4УБ** С уважéнием
Gulasch I гуля́ш
Gurke II огурéц
gut II хорóший; хорошó *Adv.* I неплóхо
Gymnasium II гимнáзия
Gymnastik I гимнáстика
Gymnastik *(Morgen-)* **II** заря́дка

H

Haar(e) III вóлосы *Pl.*; *Gen. Pl.* волóс *(Sg.* вóлос*)*
haben 3TA имéть **I ich habe** у меня́; **du hast** у тебя́
Hafen III порт
Halbbruder I свóдный брат
halbes Kilo II полкилó
Halbschuhe III боти́нки *Pl.*; *Gen. Pl.* боти́нок
Halle I зал
Hallo! I Привéт!
Hallo? *(am Telefon)* **I** Аллó?
Hals III гóрло
halten III держáть *uv.*
(jdn. für etw.) **halten 3TA** считáть *(+ Akk. + Instr.)*
Hamburger I гáмбургер
Hand III рукá; *Nom. Pl.* рýки
Handlung 2TБ дéйствие
Handtuch III полотéнце
Handy I моби́льник
hängen II висéть
Hardrock III хард-рóк
hässlich III некраси́вый
häufig I чáсто
Haupt- I глáвный
Hauptsache III глáвное
Hauptstadt I столи́ца
Haus II дом
zu Hause I дóма
nach Hause I домóй
Haus- I домáшний
Hausaufgaben machen I дéлать урóки *nur Pl.*
Hausschuhe 1C тáпочки *Pl.*
Heimat 4TA рóдина
Heimat- II роднóй
heiß III горя́чий **III** жáркий
heißen I называ́ться *uv.*
ich heiße меня́ зовýт
du heißt тебя́ зовýт
1УБ das heißt знáчит
Held(in) 2TБ герóй/герои́ня
helfen I, III помогáть/помóчь
hell II свéтлый **I** светлó *Adv.*
hellblau I голубóй
Hemd I рубáшка
heranfliegen III прилетáть/прилетéть
herausfahren III выезжáть/вы́ехать
herausfliegen III вылетáть/вы́лететь
herauskommen 2УБ выходи́ть/вы́йти
Herbst I óсень *f.*
im Herbst I óсенью
herbstlich, Herbst- II осéнний
hereinkommen: komm (he)rein/ kommt (he)rein, kommen Sie (he)rein II проходи́/те *Imp. Sg./ Pl.*
Herr *(Anrede)* **1C** господи́н; *Nom. Pl.* господá
herunterladen 2УA скачáть
hervorragend I прекрáсно *Adv.* **II** отли́чный **2TA** замечáтельный
herzlich: Herzlich Willkommen! I Добрó пожáловать! *(*в/на *+ Akk.)*
heute I сегóдня
für heute I на сегóдня
hier I здесь
hier (ist) I вот
hierher III сюдá
Hilfe III пóмощь *f.*
Himmel III нéбо
hinausgehen III выходи́ть/вы́йти
hinauswerfen III выбрáсывать/вы́бросить
hineinfahren III въезжáть/въéхать
hineinfliegen III влетáть/влетéть
hineingehen III входи́ть/войти́
hinfallen III пáдать/упáсть
hinter II за *(+ Instr.)*
Historiker(in) 3TA истóрик
historisch II истори́ческий
Hitliste 3C рéйтинг
Hobby I хóбби *n., indekl.*
hoch III высóкий
Hochhaus 1TБ многоэтáжный дом
Hochzeit 4TA свáдьба
Hockey I хоккéй
Hof II двор
hoffen III надéяться
Höhe III высотá
höher 3УA вы́ше
hören (an-, zu-) I, III слýшать/послýшать **III** (zufällig) слы́шать/услы́шать
Hose(n) I брю́ки *nur Pl.*
Hotel II гости́ница
hübsch I краси́вый
Huhn II кýрица
Hund I собáка
Husten III кáшель *m.*; *Gen.* кáшля

I

ich I я
ich und ... II мы с *(+ Instr.)*
ideal 4УA идеáльный
Idee I идéя
Idol III куми́р
ignorieren 3TБ игнори́ровать *uv. und vo.*
ihr I вы **I** *(3. Pers. f. Sg.)* её **I** *(3. Pers. Pl.)* их
Ihr II *(2. Pers. Pl.)* ваш, вáша, вáше, вáши
illegal III нелегáльный
Imbiss I буфéт
immer I всегдá
in (im) I в *(+ Akk./Präp.)* **I** на *(+ Akk./Präp.)* **I** по *(+ Dat.)* **II** чéрез *(+ Akk.)*
Industrialisierung 4C индустриализáция
Informatik I информáтика
Information(en) III информáция *nur Sg.*
informieren II информи́ровать *uv.*
Ingenieur(in) I инженéр
Insel II óстров
insgesamt 4TA всегó
Institut 1УA институ́т
Instrument III инструмéнт
inszenieren 3TБ инсцени́ровать
interaktiv I интеракти́вный
interessant II интерéсный
Interesse II интерéс
interessieren 3C интересовáть
sich **interessieren** (für) **II** интересовáться *uv. (+ Instr.)*

es interessiert mich nicht I мне не интере́сно
international
II интернациона́льный
III междунаро́дный
Internet I Интерне́т
Internetforum II интерне́т-фо́рум
Internetseite II интерне́т-сайт
Internet-Surfen I интерне́т-сёрфинг
interpretieren II интерпрети́ровать *uv.*
Interview II интервью́ *n., indekl.*
irgend- 4TA -нибу́дь; -то
Italien II Ита́лия

J

ja I да **I** ведь
Jagd III охо́та
Jahr I год; *Gen. Pl.* лет
in diesem Jahr II в э́том году́
Jahrhundert 2ТБ век; *Nom. Pl.* века́
Jahrmarkt III я́рмарка
Januar I янва́рь *m.*
Jazz III джаз
je III по *(+ Akk.)*
Jeans I джи́нсы *nur Pl.*
jeder II ка́ждый
jedoch I но
jener III тот, та, то, те
jetzt I сейча́с **I** тепе́рь
jeweils III по *(+ Akk.)*
Joghurt I йо́гурт
Jongleur III жонглёр
Journalist(in) I журнали́ст(ка)
Judo I дзюдо́ *indekl.*
Jugend III молодёжь *f.*
Jugend- 2C молодёжный
Jugendherberge II хо́стел
Jugendliche I ребя́та *Pl.*
Juli I ию́ль *m.*
jung I молодо́й
Junge *(bis 14 Jahre)* **II** ма́льчик
jünger III мла́дший
3УА моло́же/мла́дше
Jungfrau III Де́ва
jüngster III мла́дший
Juni I ию́нь *m.*
Jurist(in) 3C юри́ст
Jury II жюри́ *n., indekl.*

K

Kaffee I ко́фе *m., indekl.*
Kakao I кака́о *indekl.*
Kalender I календа́рь *m.*
kalt II холо́дный; хо́лодно *Adv.*
Kamin II ками́н
Kanal II кана́л
Kaninchen I кро́лик
Kantine II столо́вая
Kanzler 4УА ка́нцлер
Kappe I ке́пка
Karate I карат́э
Karneval III карнава́л
russischer Karneval III Ма́сленица
Karriere 3TA карье́ра
Karte I ка́рта
Kartoffel(n) II карто́шка
III карто́фель *m.*
Karussell III карусе́ль *f.*
Käse 1ТБ сыр
Kasse III ка́сса
Kassierer(in) I касси́р
Kästchen I шкату́лка
Katastrophe 3ТБ катастро́фа
Kater 1УА кот; *Gen.* кота́
Kathedrale I собо́р
Katze I ко́шка
Kauf II поку́пка
kaufen II покупа́ть/купи́ть
kauf/kauft, kaufen Sie II купи́/те *Imp. Sg./Pl.*
Käufer(in) II покупа́тель/покупа́тельница
Kaufhaus I универма́г
Kaukasus II Кавка́з
Kaviar III икра́
Kefir I кефи́р
Kehle III го́рло
kein(erlei) 1ТБ никако́й
Kellner(in) III официа́нт/официа́нтка
kennen I знать *uv.*
kennenlernen III знако́миться/познако́миться *(с + Instr.)*
Kettenübung I цепо́чка
Keyboard III ки́борд
Kiewer Rus 4C Ки́евская Русь
Kilogramm II килогра́мм
Kilometer III киломе́тр (км)
Kind 2TA ребёнок; *Gen.* ребёнка, *Nom. Pl.* де́ти
Kinder- II де́тский
Kindergarten I са́дик *Dim.*

Kindermädchen I ня́ня
Kinderzimmer II де́тская
Kino I кино́ *indekl.*
Kiosk II кио́ск
Kirsche(n) III ви́шня *nur Sg.*
klar I я́сно
klar: na klar! I коне́чно
Klasse I класс
klasse II кла́ссно *Adv.*
Klassenarbeit II контро́льная рабо́та
Klassenzimmer I класс
klassisch III класси́ческий
Klavier I пиани́но *indekl.*
Kleid 4TA пла́тье; *Gen. Pl.* пла́тьев
Kleidung I оде́жда
klein I ма́ленький
zu klein 2УБ мал, -á, -ó, -ы́
kleiner 3УА ме́ньше; *(niedriger)* ни́же
klettern III поле́зть *vo.*
Klingel(zeichen) I звоно́к
klingeln III звони́ть/позвони́ть
Klub I клуб
klug III у́мный
„kluger Kopf" III у́мница
kochen I гото́вить *uv.*
Koffer III чемода́н
Kohl III капу́ста
Kollege(-in) 2TA колле́га *m./f.*
Kollektion I колле́кция
komisch I *(lustig)* смешно́й
kommen III приезжа́ть/прие́хать **III** приходи́ть/прийти́ **2C** идти́
kommunizieren 1C обща́ться *(с + Instr.)*
Komödie 2C коме́дия
Kompass 1ТБ ко́мпас
kompliziert II сло́жный
Komponist(in) 3УА компози́тор
Kompott I компо́т
Konfitüre I варе́нье
können II мочь/смочь
III уме́ть
man kann II мо́жно
Konservatorium III консервато́рия
Kontakt 1C конта́кт
in Kontakt stehen (mit) **1C** обща́ться *(с + Instr.)*
Kontinent I контине́нт
Kontrolleur III контролёр

Konzert I концéрт
Kopf I головá
Korridor II коридóр
Kosmonaut(in) 3УА космонáвт
Kosmos 3ТБ кóсмос
kosten I стóить *uv.*
Kostüm I костю́м
Kraftbrühe I бульóн
krank 2ТБ больнóй
Krankenhaus 3УА больни́ца
Krankenpfleger/Krankenschwester 3С медбрáт/медсестрá
Krankenstation I медкабинéт
Krankenwagen III скóрая пóмощь
kreativ 3С креати́вный
Krebs III Рак
Kreisel (Holz-) I юлá
Kreml II Кремль *m.*
Krieg 2ТБ войнá; *Nom. Pl.* вóйны
Krimi 2С детекти́в
kritisieren II критиковáть *uv.*
Krokodil II крокоди́л
Küche II кýхня
Kuh III корóва
Kühlschrank III холоди́льник
Kultur II культýра
kulturell III культýрный
sich **kümmern** (um) **III** забóтиться/позабóтиться *(о + Präp.)*
Künstler II худóжник
Kurier 3С курьéр
kurz III корóткий
kürzer 3УА корóче
Kwass I квас

L

lächeln III улыбáться/улыбнýться
lachen 2ТА смея́ться
Laden II магази́н
Lage II положéние
Lager II лáгерь *m.*
Lagerfeuer III костёр; *Gen.* кострá
Lampe II лáмпа
Land II странá
Landkarte I кáрта
Landschaft III ландшáфт
lang III дли́нный **II** дóлго *Adv.*
Länge III длинá
langsam 1УБ мéдленный
langsamer 1УБ мéдленнее
längst, schon lange 3ТА давнó
sich **langweilen III** скучáть
langweilig II скýчно *Adv.* **1ТБ** скýчный
Lastkahn III бáржа
Latein II лати́нский язы́к
laufen 2С идти́
laut III грóмкий
Laute I звýки *Pl.*
Läuten I звонóк
lauter 1УБ грóмче
Leben III жизнь *f.*
leben I жить
lebendig III живóй
Lebenslauf 3УБ биогрáфия
Lebensmittel II продýкты *Pl.*
Lebkuchen II пря́ник
lecker II вкýсный; вкýсно
Legende III легéнда
Lehrbuch I учéбник
Lehrer(in) I учи́тель/учи́тельница
leibeigen; Leibeigener 4С крепостнóй
leider I к сожалéнию
leise 1ТБ ти́хий
leiser 3УА ти́ше
Lektion I урóк
lernen I, 4ТА учи́ть/вы́учить **II** учи́ться *uv.* **III** изучáть/изучи́ть
lesen II читáть/прочитáть
Lesen III чтéние
Leser(in) II читáтель/читáтельница
letzter II послéдний
leuchten II свети́ть *uv.*
Leute I лю́ди *Pl.*
Licht III свет
lieb I дорогóй
Liebe III любóвь *f.; Gen.* любви́
lieben I люби́ть *uv.*
Lieblings- I люби́мый
Lied III пéсня
liegen I лежáть *uv.* **II** *(sich befinden)* располóжен, -а, -о, -ы
Limonade I лимонáд
Lineal I линéйка
Linienkleinbus I маршрýтка
links *(von)* **I** слéва *(от + Gen.)*
nach links I налéво
Liter II литр
Literatur I литератýра
Löffel III лóжка; *Gen. Pl.* лóжек
sich **lohnen 2УБ** стóить
Los geht's! I Давáй/те! *Imp. Sg./Pl.* 3ТБ Поéхали!
lösen II решáть/реши́ть
losfahren II поéхать *vo.*
losgehen II пойти́ *vo.*
Löwe III Лев
Luft III вóздух
Luftballon III шáрик
lustig I смешнóй **II** весёлый
Lyzeum III лицéй

M

machen I дéлать/сдéлать
Macht 4С власть *f.*
Mädchen II дéвочка **III** *(ab 15 J.)* дéвушка
Mädel II девчóнка
Mai I май
Makler 3УА мáклер
Mal I раз
zum ersten Mal II пéрвый раз
drei Mal täglich III 3 рáза в день
Mama I мáма
Manager(in) 3С мéнеджер
manchmal II иногдá
Manifest 4УА манифéст
Mann II мужчи́на *m.*
junger Mann III пáрень *m.*; *Gen.* пáрня
Mantel I пальтó *indekl.*
Märchen 2УБ скáзка
Marker (Text-) I мáркер
Markt II ры́нок
März I март
Maskottchen III талисмáн
Material 4УБ материáл
Mathematik I матемáтика
Mathematiker(in) 3УА матемáтик
Matrjoschka *(Holzpuppe in der Puppe)* **I** матрёшка
Mauer II стенá
Maultrommel *(jakutisches Musikinstrument)* III хомýс
Maus 1ТА мышь *f.*
Mayonnaise I майонéз
(Massen-)Medien 2С СМИ (срéдства мáссовой информáции)

Medikament III лека́рство
Meer II мо́ре
Mehl III мука́
mehr I бо́льше **III** бо́лее *(zur Bildung des Komparativs)*
mein I мой, моя́, моё, мои́
meinen 2УА счита́ть
Meinung 2УА мне́ние
meiner Meinung nach II по-мо́ему
deiner Meinung nach 2УА по-тво́ему
eurer/Ihrer Meinung nach 2УА по-ва́шему
Meisterschaft I чемпиона́т
Melodram 2ТБ мелодра́ма
Mensch I челове́к; *Nom. Pl.* лю́ди
merkwürdig III стра́нный
Messer III нож; *Gen.* ножа́
Meteorologe(-in) 3УА метеоро́лог
Meter III метр (м)
Metro I метро́ *indekl.*
Milch I молоко́
Million III миллио́н
Millionär 4УА миллионе́р
Mineralwasser II минера́льная вода́
minus, Minus *(Nachteil)* **I, 3ТА** ми́нус
Minute I мину́та
Miss World 3УА Мисс ми́ра *indekl.*
mit I с *(+ Instr.)*
mit wem? I с кем?
Mitarbeiter III сотру́дник
Mitschüler(in) I одноклассник/одноклассница
Mittag essen I обе́дать *uv.* **1УБ** пообе́дать *vo.*
Mittagessen I обе́д
Mitte I центр
Mitteilung III сообще́ние
Mittelschule III сре́дняя шко́ла
mittlerer, Mittel- III сре́дний
Mittwoch I среда́
Möbel *Pl.* **II** ме́бель *f., nur Sg.*
möchten: (ich) möchte 2ТА (мне) хо́чется
Mode I мо́да
Model 3С моде́ль *f.*
Moderator(in) 2ТА веду́щий/веду́щая
modern III совреме́нный
modisch I мо́дный
mögen I люби́ть *uv.*
möglich: so … wie möglich; möglichst … 3ТА как мо́жно *(+ Komp.)*
Möglichkeit 4ТА возмо́жность *f.*
Moment: einen Moment I мину́точку *Akk., Dim.*
Monat I ме́сяц
mongolisch-tatarische Gewaltherrschaft 4C монго́ло-тата́рское и́го
Montag I понеде́льник
montags, dienstags, … III по *(+ Wochentag im Dat. Pl.)*
morgen I за́втра
Morgen I у́тро
morgens I у́тром
von morgens bis abends II с утра́ до ве́чера
Moschee III мече́ть *f.*
Moskauer(in) I москви́ч(ка)
Moskauer 4С моско́вский
Motor I мото́р
Mountainbike II маунтинба́йк
MP3-Player III МР3-пле́ер
müde sein III уста́л, -а, -о, -и
Müll III му́сор
Mund III рот; *Gen.* рта
Münze (klein) II моне́тка
Museum I музе́й
Musik I му́зыка
musikalisch, Musik- III музыка́льный
Musiker I музыка́нт
Muslim III мусульма́нин; *Nom. Pl.* мусульма́не, *Gen. Pl.* мусульма́н
müssen II до́лжен, должна́, должно́, должны́ *(+ Inf.)* **II** на́до *unpers.*
Mutter III мать *f.; Gen.* ма́тери
Mutti I ма́ма
Mütze I ша́пка

N

nach I по́сле *(+ Gen.);* че́рез *(+ Akk.)* **III** по *(+ Dat.)*
Nachbar(in) I сосе́д(ка)
nachdem 1УБ по́сле того́, как
Nachname II фами́лия
Nachricht III но́вость *f.*
nächster II сле́дующий
Nacht II ночь *f.*
Nachteil 3ТА ми́нус
Nachtisch III десе́рт
nachts II но́чью
Name I назва́ние
Name I и́мя
Nase III нос
Natur III приро́да
natürlich I коне́чно
neben II о́коло *(+ Gen.)* **II** ря́дом с *(+ Instr.)*
nehmen II, III брать/взять **III** принима́ть/приня́ть
nimm/nehmt, nehmen Sie II возьми́/те *Imp. Sg./Pl.*
nein I нет
nervös sein 4УА не́рвничать *uv.*
nett II симпати́чный
neu I но́вый
Neuigkeit III но́вость *f.*
Neujahr I Но́вый год
neulich III неда́вно
nicht I не
nichts 1ТБ ничто́ (ничего́)
Nickname III ник
niedrig III ни́зкий
niedriger 3УА ни́же
nie(mals) 1ТА никогда́
niemand 1ТБ никто́
nirgends 1УА нигде́
nirgendwohin 1ТА никуда́
Nobelpreis 1УА Но́белевская пре́мия
noch I ещё
noch einmal II опя́ть
noch (nicht) 3ТА пока́ (не)
Norden II се́вер
normal I норма́льно
Not I беда́
Note II *(Schul-)* оце́нка **I** *(Musik-)* но́та
Notebook 2УА ноутбу́к
nötig sein II на́до *unpers.*
November I ноя́брь *m.*
Nummer I но́мер
nun I ну **I** ита́к
nur I то́лько **4ТА** *(insgesamt)* всего́
nutzen 2С по́льзоваться *(+ Instr.)*

O

obdachlos 1УА бездо́мный
O(berleitungs)-Bus I троллейбус
Objekt I объе́кт
Obst II фру́кты *Pl.*
obwohl 1ТА хотя́
oder I и́ли
offen III откры́тый
offiziell 4ТБ официа́льный
Offizier 4С офице́р
öffnen III открыва́ть/откры́ть
oft I ча́сто
ohne II без *(+ Gen.)*
Ohr III у́хо; *Nom. Pl.* у́ши, *Gen. Pl.* уше́й
OK I ла́дно
Ökofreak III экофана́т
Ökologie II эколо́гия
ökologisch III экологи́ческий
Oktober I октя́брь *m.*
Oktoberrevolution 4С Октя́брьская револю́ция
Olympische Spiele 3ТБ Олимпи́йские и́гры
Oma I ба́бушка
Omelett I омле́т
Onkel III дя́дя *m.*; *Gen. Pl.* дя́дей
Opa I де́душка
orange 3С ора́нжевый
Orange II апельси́н
Orangensaft II апельси́новый сок
Orchester II орке́стр
Ordnung III поря́док; *Gen.* поря́дка
Organisation 3УА организа́ция
organisieren III организо́вывать/организова́ть
original I оригина́льный
originell I оригина́льный
Ort II ме́сто
Osten II восто́к
Ostern I Па́сха

P

packen 1ТБ собира́ть/собра́ть
Palast II дворе́ц
Palme II па́льма
Pantoffeln 1С та́почки *Pl.*
Papa I па́па
Papagei II попуга́й
Parfümerie II парфюме́рия
Park I парк
Partner III партнёр
Partnerschule 1С шко́ла-партнёр
Party II вечери́нка
Passagier III пассажи́р
passieren 1ТБ случа́ться/случи́ться
Pastete (klein) III пирожо́к; *Gen.* пирожка́
Patient I пацие́нт
Pelmeni *(gefüllte Teigtaschen)* **III** пельме́ни *Pl.*
Perestrojka *(„Umbau", Schlagwort für die von Gorbatschow eingeleiteten Reformen)* **4С** перестро́йка
Pfanne III сковорода́
Pfannkuchen III блин; *Gen.* блина́
Pfannkuchen- III бли́нный
Pferde I ло́шади *Pl.*
Pfund II полкило́
Philosophie 4УА филосо́фия
Physik II фи́зика
Physiker(in) 3УА фи́зик
Pianist(in) 3УА пиани́ст
Pilot(in) 3С пило́т
Pilz II гриб
Pizza I пи́цца
Plan II расписа́ние I схе́ма II план
Planet I плане́та
Platz I пло́щадь *f.* **II** ме́сто
Plinse III блин; *Gen.* блина́
Plinsen- III бли́нный
plötzlich II вдруг
plus, Plus *(Vorteil)* **I, 3УА** плюс
Politik 2С поли́тика
Politiker(in) 3УА поли́тик
Polizei II мили́ция
Pool II бассе́йн
Pop(musik) II поп(-му́зыка)
Porträt 1ТА портре́т
Post II по́чта
Poster II по́стер
Postkarte II откры́тка
ein Praktikum absolvieren 1С проходи́ть/пройти́ пра́ктику
Präsentation II презента́ция
Präsident(in) I президе́нт
Preis II *(Kauf-)* цена́ II *(in einem Wettbewerb)* приз
Preisausschreiben II ко́нкурс
Prinzessin 4ТА принце́сса
Probe I репети́ция
probieren II про́бовать/попро́бовать
Problem I пробле́ма
professionell I профессиона́льный
Programm I програ́мма
Programmierer(in) 3С программи́ст
Projekt 1С прое́кт
Promoter 3С промо́утер
protestieren II протестова́ть *uv.*
Prüfung 1ТА экза́мен
Psychologe(-in) 3С психо́лог
Publikation 3УА публика́ция
Publikum III пу́блика
Pullover I сви́тер
Puppe III ку́кла
Püree *(Kartoffel-)* **I** пюре́ *indekl.*
putzen III чи́стить/почи́стить
Pyramide I пирами́да

Q

Quarkpfannkuchen III сы́рник
Quiz III виктори́на

R

Radio I ра́дио *indekl*
Radiosender II радиоста́нция
Radsport I велоспо́рт
Rafting II ра́фтинг
Rap I рэп
Rapper I рэ́пер
raten II сове́товать/посове́товать
Rathaus II ра́туша
Rätsel 3С зага́дка
rauchen II кури́ть *uv.*
Raumschiff 3ТБ косми́ческий кора́бль
reagieren II реаги́ровать *uv.*
Reaktion 1УА реа́кция
Realist(in) 3С реали́ст
Reality-Show 2С ре́алити-шо́у *n., indekl.*
rechnen I счита́ть *uv.*
Rechnung III счёт
Recht 4С пра́во
Recht: recht haben 2УА прав, -а́, -о, -ы

rechts (*von*) **I** спрáва (от + *Gen.*)
nach rechts I напрáво
reden II разговáривать *uv.*
Referat I реферáт
Reform 4C рефóрма
reformieren 4C реформи́ровать
Regal I пóлка
Regel I прáвило
in der Regel I как прáвило
regelmäßig III регуля́рный
Regen II дождь *m.*
Regenschirm III зонт
Reggae III рéгги
Regisseur 2УБ режиссёр
regnen: es regnet/es hat geregnet II дождь идёт/шёл
Region III региóн
reich 2ТБ богáтый
Reichstag II Рейхстáг
Reihe III ряд
Reim I ри́фма
Reime I стихи́ *Pl.*
Reis III рис
Reise II поéздка
III путешéствие
Gute Reise! III Счастли́вого пути́!
reisen III путешéствовать
reiten II катáться на лошадя́х
Reklame I реклáма
Rekord III рекóрд
Religion II рели́гия
reparieren II ремонти́ровать *uv.*
Repression 4C репрéссия
Republik III респýблика
Restaurant I рестóран
Restaurator(in) 3УА реставрáтор
Resultat III результáт
Revolution 4C револю́ция
Rezept III рецéпт
richtig I прáвильно
nicht richtig I непрáвильно
riesig II огрóмный
Rock I ю́бка
Rockmusik II рок-мýзыка
Rolle III роль *f.*
Roman 2УБ ромáн
Röntgenaufnahme III рентгéн
rosa I рóзовый
rot I крáсный
rothaarig III ры́жий
Rubel I рубль *m.*
(ich bekomme) von Ihnen ... Rubel II с вас ... рубль/рубля́/рублéй
Rücken III спинá
Rucksack I рюкзáк
rufen III вы́звать *vo.*
ruhig I спокóйно
Rührei 1ТБ яи́чница
rund III крýглый
Russe(-in) III рýсский/рýсская
russisch I рýсский
auf Russisch I по-рýсски
I *(Sprache)* на рýсском языкé
Russische Föderation 4C Росси́йская Федерáция
Russlanddeutscher 3ТА рýсский нéмец

S

Saal I зал
Sache III вещь *f.*
Sack III мешóк; *Gen.* мешкá
Saft I сок
sagen I, II говори́ть/сказáть
sag/sagt, sagen Sie I скажи́/те *Imp. Sg./Pl.*
Salat I салáт
Salz III соль *f.*
sammeln II, III собирáть/собрáть
Sammeltaxi I маршрýтка
Samowar I самовáр
Samstag I суббóта
Sänger(in) III певéц/певи́ца
Satz II предложéние
sauber II чи́сто *Adv.*
sauber machen III чи́стить/почи́стить
Sauberkeit III чистотá
saure Sahne III сметáна
Saxofon III саксофóн
S-Bahn I электри́чка
Schach III шáхматы *nur Pl.*
Schachclub III шáхматный клуб
Schachspieler(in) III шахмати́ст(ка)
schade I жаль
Schaffner(in) III проводни́к/проводни́ца
Schal I шарф
Schamane III шамáн
Schaschlik II шашлы́к
Schatulle I шкатýлка
Schau I покáз
schauen II смотрéть/посмотрéть
Schauspieler(in) III актёр/актри́са
scheinen II свети́ть *uv.*
III казáться/показáться
Schema I схéма
schenken I, III дари́ть/подари́ть
Scherz I шýтка
schick II шикáрный
schicken 4УБ присылáть/прислáть
Schiff II корáбль *m.*
Schirmmütze I кéпка
schlafen I спать *uv.*
Schlafmütze I сóня *m./f.*
Schlafwagen *(mit vier-Plätze-Abteilen)* **III** купéйный вагóн
Schlafzimmer II спáльня
Schlagzeug III удáрные (инструмéнты)
schlecht II плохóй; плóхо *Adv.*
nicht schlecht I неплóхо
schlechter III хýже; хýдший
schlechtester III хýдший
schließen II закрывáть/закры́ть
schließlich II наконéц
Schlittschuhe III коньки́ *Pl.*
schmerzen III болéть
schmücken I украшáть *uv.*
Schnee II снег
Schneeball III снежóк
Schneeflöckchen I Снегýрочка
schneien: es schneit/hat geschneit II снег идёт/шёл
schnell III бы́стрый
Schnellhefter I пáпка
Schnitzel I шни́цель *m.*
Schnupfen III нáсморк
Schock III шок
Schokoriegel I шоколáдка *Dim.*
schon I ужé
schon gut I лáдно
schön I краси́вый
Schrank II шкаф
schrecklich 1ТА ужáсный
I ýжас
schreiben II писáть/написáть
Schreibtisch II пи́сьменный стол
Schriftsteller(in) 2УБ писáтель/писáтельница
Schtschi *(Kohlsuppe)* **III** щи
Schuhe I тýфли *Pl.*
Schul- II шкóльный

schuldig, schuld sein 4TA виноватый
Schule I школа
Schüler(in) I ученик/ученица
Schulkabarett I капустник
Schutz III защита
Schütze III Стрелец
schützen III защищать/ защитить
Schwanensee *(berühmtes Ballett von Tschaikowski)* II Лебединое озеро
schwarz I чёрный
schwarz fahren III ездить зайцем *unbest., uv.*; ехать зайцем *best., uv.*
Schwarzes Meer II Чёрное море
schwedisch 4TA шведский
schwer I трудно
Schwester I сестра
schwierig I трудно *Adv.* II сложный
Schwimmbad II бассейн
schwimmen III плавать *unbest., uv.*; плыть *best., uv.*
Science-Fiction-Film 2C фантастический фильм
See *m.* **II** озеро
sehen II видеть/увидеть
Sehenswürdigkeit I достопримечательность *f.*
sehr I очень
sein I быть **I** *(3. Pers. Sg.)* его
seit III с *(+ Gen.)*
seitdem/seither 2ТБ с тех пор
selbst 3C сам, -а, -о, -и
selbstständig 3TA самостоятельный
seltsam III странный
senden 4УБ присылать/ прислать
Sendung 2C передача
auf Sendung II эфир: в эфире
Senf II горчица
September I сентябрь *m.*
(TV-)Serie 2C (теле)сериал
Sessel II кресло
Shopping I шопинг
Show II шоу-программа
Sibirien III Сибирь *f.*
sicher 3TA уверенный
Sie I вы
sie I *(3. Pers. Sg.)* она **I** *(3. Pers. Pl.)* они

Sieg 4C победа
Sieger(in) III победитель/ победительница
Signal 1УА сигнал
Silvester I Новый год
Singen III пение
singen III петь/спеть
Situation 1УБ ситуация
sitzen I сидеть *uv.* **III** *(eine Zeit lang)* посидеть *vo.*
Skateboard I скейтборд
Sketch I скетч
Ski III лыжа
Skorpion III Скорпион
Snowboarding I сноубординг
so I так **I** тогда
so lala, es geht so I так себе I ничего [-ево]
so ein/solch ein 1ТБ такой
Sofa II диван
sofort III сразу
sogar II даже
Sohn III сын; *Nom. Pl.* сыновья
Soldat 4ТБ солдат
Soljanka *(Fisch-/Fleischsuppe)* **III** солянка
sollen II должен, должна, должно, должны *(+ Inf.)*
Sommer I лето
im Sommer I летом
sommerlich, Sommer- II летний
Sonderangebot I суперакция
sondern III но
Sonne II солнце
sich **sonnen II** загорать *uv.*
Sonnenbrille III солнечные очки *nur Pl.*; *Gen.* очков
Sonnencreme III крем от солнца
Sonntag I воскресенье
sich **sorgen** (um) **III** заботиться/позаботиться *(о + Präp.)*
sortieren III сортировать *uv.*
Soße I соус
Souvenirs I сувениры *Pl.*
sowjetisch 3ТБ советский
Sowjetunion 3ТБ Советский Союз
sowohl … als auch 1TA и …, и
sozial 2ТБ социальный
Spaghetti I спагетти *Pl.*
Spanien II Испания
spanisch III испанский

Spanisch *(Sprache)* II испанский язык
sparen III экономить/ сэкономить
Spaß haben III веселиться
spät III поздний; поздно *Adv.*
spazieren gehen I гулять **III** *(eine Zeit lang)* погулять *vo.*
Speise III блюдо
Speisekarte III меню *n., indekl.*
Speisesaal I буфет
Spezialist I специалист
Spickzettel 2УА шпаргалка
Spiel I игра
spielen I играть *uv.*
Spielfilm 2C художественный фильм
Spielzeugsoldat 4TA солдатик
Spinnst du? II Ты что!?
Sponsor II спонсор
Sport I спорт **II** *(Schulfach)* физкультура
sportlich, Sport- II спортивный
Sportler(in) III спортсмен(ка)
Sportplatz II спортплощадка
Sportwaren II спорттовары
sprechen I *(reden)* говорить *uv.* **II** *(sich unterhalten)* разговаривать *uv.* **III** *(eine Zeit lang)* поговорить *vo.*
Springbrunnen II фонтан
Spur: auf den Spuren I по следам
Sputnik, Satellit III спутник
Staat 4C государство
Stadion I стадион
Stadt I город (г.)
Stadtviertel II район
Standardtänze I бальные танцы *Pl.*
stark 4УБ сильный
Start I старт
Station 1TA станция
stattfinden III проходить/ пройти
Stau I пробка
staunen I удивляться *uv.*
Stechmücke III комар; *Gen.* комара
stehen I стоять *uv.*
Steinbock III Козерог
sterben 2ТБ умирать/умереть
Stereoanlage II музыкальный центр

Sternzeichen III знак зодиа́ка
Steward(ess) 3C стю́ард/стюарде́сса
Stiefbruder III сво́дный брат
Stiefschwester III сво́дная сестра́
Stier III Теле́ц
Stiftung 1C фонд
Stil III стиль *m.*
still 1ТБ ти́хий
Stockwerk II эта́ж
Stopp II стоп
stoppen III остана́вливать/останови́ть
Strafe III штраф
Strand II пляж
Straße I у́лица
durch die Straßen II по у́лицам
Straßenbahn I трамва́й
Strategie I страте́гия
Streber(in) II зубри́ла *m./f.*
streng II стро́гий
Strom III электри́чество
Student(in) I студе́нт(ка)
studieren II учи́ться *uv.* **III** изуча́ть/изучи́ть
Stuhl II стул
Stunde I час
Subjekt I субъе́кт
suchen 2TA иска́ть
Süden II юг
südlich, Süd- 1C ю́жный
Summe I су́мма
super I су́пер
Supermarkt II суперма́ркет
Suppe III суп; *Nom. Pl.* супы́
Süßigkeit III сла́дость *f.*
Symbol I си́мвол
sympathisch II симпати́чный
System I систе́ма
Szene I сце́на I *(Theater-)* сце́нка

T

Tafel II доска́
Tag I день *m.*
Guten Tag! I До́брый день! **I** Здра́вствуй/те!
eines Tages 2ТБ одна́жды
Tagebuch III дневни́к; *Gen.* дневника́
tagsüber II днём
Taiga III тайга́
Takt I такт
Talent III тала́нт
talentiert III тала́нтливый
Talk-Show 2C ток-шо́у *n., indekl.*
Tante III тётя; *Gen. Pl.* тётей
Tanz 1C та́нец; *Gen.* та́нца
tanzen II танцева́ть *uv.*
Tasche III су́мка
Taschenrechner 2УA калькуля́тор
Tasse III ча́шка; *Gen. Pl.* ча́шек
Tatsache III факт
tatsächlich I действи́тельно
taubstumm 1C глухонемо́й
Taufe 4TA креще́ние
Taxi I такси́ *n., indekl.*
Taxifahrer I такси́ст
Technik 3C те́хника
Techno *(Musikrichtung)* I те́хно
Tee I чай *m.*
Teil 4TA часть *f.*
teilnehmen (an) **II** уча́ствовать *uv.* (в + *Präp.)*
Telefon I телефо́н
Telefongespräch I разгово́р по телефо́ну
telefonieren I, II звони́ть/позвони́ть *(+ Dat.)*
Teller III таре́лка; *Gen. Pl.* таре́лок
Temperatur III температу́ра
Tennis I те́ннис
Teppich II ковёр
Territorium III террито́рия
Terror 4C терро́р
Test 3C тест
teuer II дорого́й; до́рого *Adv.*
teurer 3УA доро́же
Text I текст
Theater I теа́тр
Theaterprobe I репети́ция
Thema II те́ма
Thriller 2C три́ллер
tief III глубо́кий
Tiefe III глубина́
Tier II живо́тное
Tierarzt(-ärztin) 3C ветерина́р
Tiger III тигр
Tisch I стол
Titel III ти́тул
Tochter III дочь *f.*; *Gen.* до́чери
Tod 3ТБ смерть *f.*
Toilette II туале́т
toll II кла́ссно *Adv.* **I** Молоде́ц!
Tomate II помидо́р
Tonne 4ТБ то́нна
Torte III торт
Tour II тур
Tourist I тури́ст
Touristenführer II гид
Track I трэк
Tradition III тради́ция
tragen II носи́ть *uv.*
Trainer I тре́нер
Training I трениро́вка
Traktor I тра́ктор
transportieren 4ТБ перевози́ть/перевезти́
Transsibirische Eisenbahn III Транссиб
Traum 3C мечта́
träumen III мечта́ть (о + *Präp.)*
traurig 4TA гру́стный
Treffen III встре́ча
sich **treffen II** встреча́ться/встре́титься **III** (zufällig) встреча́ть/встре́тить
treiben I занима́ться *uv.* *(+ Instr.)*
Treidler III бурла́к; *Gen.* бурлака́
trinken II пить *uv.*
Troika *(Pferdeschlitten)* **III** тро́йка
trotzdem 1TA всё-таки
Tschüss! I Пока́!
T-Shirt I футбо́лка
Tulaer/aus Tula stammend I ту́льский
tun II де́лать/сде́лать
Tundra III ту́ндра
Tür II дверь *f.*
Die Türen schließen! I Две́ри закрыва́ются!
Türcode 1C код
Türkei II Ту́рция
türkisch III туре́цкий
auf Türkisch II по-туре́цки
Turm II ба́шня
Turnen I гимна́стика

U

U-Bahn I метро́ *indekl.*
über I о *(+ Präp.)* **I** че́рез *(+ Akk.)* **II** над *(+ Instr.)*
über wen? I о ком?
über sich selbst I о себе́
überhaupt I совсе́м
überhaupt 2TA вообще́

überraschen III удивля́ть/ удиви́ть
Überraschung I сюрпри́з
übersetzen 4УБ переводи́ть/ перевести́
Übersetzer(in) 3C перево́дчик/ перево́дчица
Übersicht I схе́ма
Übersiedlung 4УА переселе́ние
übrigens III кста́ти
UdSSR (Union der Sozialistischen Sowjetrepubliken) 4C СССР (Сою́з Сове́тских Социалисти́ческих Респу́блик)
Ufer I бе́рег
Uhr *(Zeitangabe)* **I** час
Wie viel Uhr (ist es)? I Кото́рый час?
Um wieviel Uhr? III Во ско́лько?
um *(Differenz)* **III** на *(+ Akk.)*
um vieles I намно́го
um zu III что́бы *(+ Inf.)*
umbringen 3ТБ убива́ть/уби́ть
umkommen 3ТБ погиба́ть/ поги́бнуть
Umwelt III окружа́ющая среда́
Umwelt- III экологи́ческий
unbedingt II обяза́тельно
und I и **I** *(als Gegensatz)* а
ungefähr III приблизи́тельно
ungerecht II нече́стно
ungewöhnlich I необы́чный
Unglück I беда́
unglücklich III несча́стный
unhöflich 4ТА неве́жливый
Uniform II *(Schul-)* фо́рма **4УА** мунди́р
unser II наш, на́ша, на́ше, на́ши
unter II под *(+ Instr.)* **4C** *(zur Zeit von)* при *(+ Präp.)*
sich unterhalten II разгова́ривать *uv.*
Unterrichtsraum II кабине́т
Unterrichtsstunde I уро́к
unverständlich 2ТА непоня́тный
Urlaub 2ТА о́тпуск
Ursache: keine Ursache I не́ за что
USB-Stick II флё́шка

V

Valentinstag I День свято́го Валенти́на
Vater I оте́ц
vaterländisch, Vaterlands- 4C оте́чественный
Vatersname II о́тчество
Vati I па́па
Verbindung: in Verbindung stehen (mit) **1C** обща́ться *(с + Instr.)*
verbrennen III сжига́ть *uv.* 4ТА сгора́ть/сгоре́ть
verbringen 1ТА проводи́ть/ провести́
verdienen III зараба́тывать/ зарабо́тать
Verehrer I покло́нник
vergangen II про́шлый
Vergangenheit 4C про́шлое *Subst. n.*
vergessen II забыва́ть/забы́ть
sich **verhalten** (zu, gegenüber) **4УА** относи́ться/отнести́сь к *(+ Dat.)*
verkaufen III продава́ть/прода́ть
Verkäufer(in) II продаве́ц/ продавщи́ца
Verkaufsstand II киоск
verkauft werden 1ТА продава́ться *nur uv.*
Verkehrsmittel I тра́нспорт
verlaufen 3ТБ проходи́ть/ пройти́
sich **verlieben** (in) **2ТБ** влюбля́ться/влюби́ться (в + *Akk.)*
vermischen III смеша́ть *vo.*
vernehmen III слы́шать/ услы́шать
verschieden III ра́зный
verschlafen II проспа́ть *vo.*
verschmutzen III загрязня́ть/ загрязни́ть
Verschmutzung III загрязне́ние
sich **verspäten II** опа́здывать/ опозда́ть
Verspätung III опозда́ние
verstehen II, III понима́ть/поня́ть
verstehen *(zu tun)* **III** уме́ть
versuchen II про́бовать/ попро́бовать
verteidigen III защища́ть/ защити́ть

verwenden 4ТБ испо́льзовать *uv. und vo.*
Video II ви́део
viel (um vieles) I намно́го
viel(e) II мно́го *(+ Gen.)*
so viel(e) 2ТА сто́лько *(+ Gen.)*
vielleicht I мо́жет быть
Vier *(russ. Schulnote)* **II** четвёрка
Visitenkarte I визи́тная ка́рточка
Vogel III пти́ца
Volleyball I волейбо́л
völlig I совсе́м
von I от *(+ Gen.)* **I** о *(+ Präp.)* **III** с *(+ Gen.)*
von ... bis (einschließlich) II с *(+ Gen.)* ... по *(+ Akk.)*
von ... her I из *(+ Gen.)*
von hier III отсю́да
vor II пе́ред *(+ Instr.)* **3C** *(zeitl.)* наза́д
vor kurzem III неда́вно
sieben Wochen vor III за семь неде́ль до *(+ Gen.)*
vorbereiten I гото́вить *uv.*
sich **vorbereiten II** гото́виться/ подгото́виться
Vorführung I пока́з
Vorhang II гарди́на
Vorname I и́мя
Vorortbahn I электри́чка
Vorschlag II предложе́ние
Vorsicht! I Осторо́жно!
Vorspeise III заку́ска
sich etw. **vorstellen 1ТБ** представля́ть/предста́вить себе́
sich vorstellen: stell dir vor II представля́ешь
Vorteil 3УА плюс
Vortrag III докла́д
Vorwärts! I Вперёд!

W

Waage III Весы́
Wachmann I охра́нник
Wagen III ваго́н
Waggon III ваго́н
(aus)wählen 3C выбира́ть/вы́брать
wahr III настоя́щий
nicht wahr? II пра́вда?
während II во вре́мя *(+ Gen.)*
Wahrheit 3ТБ пра́вда
wahrscheinlich I наве́рное
Wald II лес
Wand II стена́
wann I когда́
Wann? *(Uhrzeit)* **III** Во ско́лько?
Wareniki *(gefüllte Teigtaschen)* III варе́ники
warm II тепло́ *Adv.* **III** тёплый
warten (auf) **I** ждать *uv. (+ Akk.)*
warum II почему́
was? I что?
was für ein? I како́й?
was ist (das) 1ТБ что тако́е
Was (ist zu) tun? I Что де́лать?
Wasser II вода́
Wassermann III Водоле́й
Wassermelone III арбу́з
Wechselschuhe II сме́нка
weder … noch 1ТА ни …, ни
Weg III путь *m.* **1ТБ** доро́га
wegfahren III выезжа́ть/вы́ехать **III** уезжа́ть/уе́хать
wegfliegen III улета́ть/улете́ть
weggehen III уходи́ть/уйти́
wegnehmen 2УА забира́ть
wegwerfen III выбра́сывать/вы́бросить
weh tun III боле́ть
Weihnachten I Рождество́
Weihnachtsbaum I ёлка
Weihnachtsmann I Дед Моро́з
weil II потому́ что
Wein III вино́
Weintrauben II виногра́д *nur Sg.*
weiß I бе́лый
Weiße Nächte II Бе́лые но́чи
weit I далеко́ *Adv.* **I** *(breit)* широ́кий
nicht weit weg (von) **I** недалеко́ (от *+ Gen.)*
weiter I да́льше **III** да́лее
welcher II кото́рый
welcher? I како́й?
Welt III мир **III** свет
wem? I кому́?
wen? I кого́?
wenig(e) II ма́ло *(+ Gen.)*
ein wenig III немно́го *(+ Gen.)*
weniger III ме́нее *(zur Bildung des Komparativs)* **3УА** ме́ньше
wenn I когда́ **III** е́сли
wer? I кто?
wer hat? I у кого́?
Werbung I рекла́ма
werden 3C станови́ться/стать *(+ Instr.)*
werfen II броса́ть *uv.*
Werkunterricht II труд
Westen II за́пад
Wettbewerb II ко́нкурс
Wetter II пого́да
wichtig III ва́жный
wichtiger III важне́е
das Wichtigste III гла́вное
Widder III О́вен
wie? I как?
Wie geht's? I Как дела́?
wie viel? I ско́лько *(+ Gen.)*?
wieder II опя́ть
Wiederaufbau 4УБ восстановле́ние
wiederaufbauen 4ТБ восстана́вливать/восстанови́ть
wiederholen III повторя́ть/повтори́ть
Wiedersehen: Auf Wiedersehen! I До свида́ния!
Willkommen! I С приéздом!
Winter I зима́
im Winter I зимо́й
winterlich, Winter- II зи́мний
wir I мы
wissen I знать *uv.*
Wissenschaftler(in) 1ТА учёный
wo? I где?
Woche I неде́ля
Wochenende II выходны́е (дни)
Wochenendhaus II да́ча
wofür I чем
woher? II отку́да
wohin? I куда́?
wohnen I жить
Wohnung II кварти́ра
Wohnzimmer II гости́ная
Wolf III волк
wollen II хоте́ть *uv.*
womit I чем
Wort I сло́во
mit anderen Worten 1УБ други́ми слова́ми
worüber? I о чём?
wozu 1ТБ заче́м
Wunderkind 3УБ вундерки́нд
sich wundern I удивля́ться *uv.*
wunderschön II прекра́сный
Wunsch III жела́ние
(jdm. etw.) **wünschen I** жела́ть *uv. (+ Dat. + Gen.)*
Würfel I ко́сти *Pl.*
Wurst II колбаса́
Würstchen II соси́ска
wütend sein 4УА зли́ться *uv.*

Z

Zahl I число́ I ци́фра
zählen I счита́ть *uv.*
Zahn III зуб
Zahnpasta III зубна́я па́ста
zappen 2ТА щёлкать пу́льтом *uv.*
Zar(in) II, 4ТА царь *m.*/цари́ца
Zehe III па́лец; *Gen.* па́льца
Zeichentrickfilm 2C мультфи́льм
Zeichnen II рисова́ние
zeichnen 1ТА рисова́ть/нарисова́ть
Zeichnung I рису́нок
zeigen II пока́зывать/показа́ть
zeig/zeigt, zeigen Sie II покажи́/те *Imp. Sg./Pl.*
Zeit I вре́мя *n.*
Wir haben keine Zeit. II У нас вре́мени нет.
Zeit verbringen (mit) 1C обща́ться (с *+ Instr.)*
zur Zeit von 4C при *(+ Präp.)*
es ist Zeit I пора́
zeitgenössisch III совреме́нный
Zeitschrift I журна́л
Zeitung I газе́та
Zeitungsausträger(in) 3C разно́счик/разно́счица газе́т
Zelt II пала́тка
Zentimeter II сантиме́тр
Zentrum I центр
zerbrechen III лома́ть/слома́ть

zerstören **4УБ** разрушáть/ разрýшить
ziehen III тянýть *uv.*
Ziffer I ци́фра
Zigarette II папирóса
Zimmer **I** кóмната
Zirkel I ци́ркуль *m.*
Zitrone **I** лимóн
zu **I** к *(+ Dat.)*
zubereiten **I** готóвить *uv.*
Zucker **I** сáхар
zuerst **I** сначáла
zufällig 2ТБ случáйный
zufrieden (mit) **4УА** довóльный *(+ Instr.)*
Zug **I** пóезд
Zugbegleiter(in) **III** проводни́к/ проводни́ца
Zukunft **3С** бýдущее *Subst. n.*
zumachen **II** закрывáть/закры́ть
zunächst **I** сначáла
zurück **I** обрáтно
zurückdenken (an) **4ТА** вспоминáть/вспóмнить *(+ Akk.)*
zusammen **I** вмéсте
zusätzlich III дополни́тельный
Zuschauer **2УБ** зри́тель *m.*
Zwei *(russ. Schulnote)* **II** двóйка
zweitens **3ТА** во-вторы́х
Zweizimmerwohnung **II** двухкóмнатная кварти́ра
Zwiebel(n) **II** лук *nur Sg.*
Zwillinge III Близнецы́
zwischen **III** мéжду *(+ Instr.)*

Пе́сни и стихотворе́ния – Lieder und Gedichte

Как здо́рово (S. 19)	**Wie schön**
Изги́б гита́ры жёлтой ты обни́мешь не́жно,	Zärtlich umarmst du den geschwungenen Leib der gelben Gitarre,
Струна́ оско́лком э́ха пронзи́т туѓую высь.	Die Saite durchbohrt mit dem Splitter eines Echos die gespannte Höhe.
Качнётся ку́пол не́ба большо́й и звёздно-сне́жный.	Es schwankt die große, sternverschneite Kuppel des Himmels.
Как здо́рово, что все мы здесь сего́дня собрали́сь.	Wie schön, dass wir uns alle heute hier versammelt haben.
Как о́тблеск от зака́та, костёр меж со́сен пля́шет.	Wie der Widerschein des Sonnenuntergangs tanzt das Lagerfeuer zwischen den Kiefern.
Ты что грусти́шь, бродя́га? А ну-ка, улыбни́сь!	Wieso bist du traurig, Vagabund? Nun lächle doch!
И кто-то о́чень бли́зкий тебе́ тихо́нько ска́жет:	Und jemand, der dir sehr nahe ist, sagt dann ganz leise zu dir:
«Как здо́рово, что все мы здесь сего́дня собрали́сь!»	„Wie schön, dass wir uns alle heute hier versammelt haben!“
И всё же с бо́лью в го́рле мы тех сего́дня вспо́мним,	Und mit zugeschnürten Kehlen werden wir uns heute jener erinnern,
Чьи имена́, как ра́ны, на се́рдце запекли́сь.	deren Namen wir wie Wundmale in unseren Herzen tragen.
Мечта́ми их и пе́снями мы ка́ждый вдох напо́лним.	Mit ihren Träumen und Liedern erfüllen wir jeden Atemzug.
Как здо́рово, что все мы здесь сего́дня собрали́сь!	Wie schön, dass wir uns alle heute hier versammelt haben!
Повто́р 1-го купле́та.	*Wiederholung der ersten Strophe.*

© Oleg Mitjaev

НЕБОМОРЕОБЛАКА (S. 74)	**Himmelmeerwolken**
Э́ти се́рые ли́ца не внуша́ют дове́рия, Тепе́рь я зна́ю, кому́ поёт певи́ца Вале́рия. Я гото́ва на мно́гое, я гото́ва да́же испра́виться, Упаку́йте, отда́йте меня́ стюарде́ссам-краса́вицам.	Diese grauen Gesichter flößen kein Vertrauen ein, Jetzt weiß ich auch, für wen die Sängerin Walerija singt. Ich bin zu Vielem bereit, bin sogar bereit, mich zu bessern, Packt mich ein und gebt mich den schönen Stewardessen.
Припе́в: Здра́вствуй, не́бо, мо́ре, облака́. (2x)	*Refrain:* Guten Tag Himmel, Meer und Wolken. (2x)
Э́ти фи́льмы глупы́, э́ти пе́сни скучны́ и прили́заны. Мои́ па́па и ма́ма преврати́лись давно́ в телеви́зоры. Я гото́ва меня́ться, не гля́дя, с любы́м дозвони́вшимся, Посиди́м, поболта́ем, поку́рим и, мо́жет быть, спи́шемся.	Diese Filme sind dumm, diese Lieder lächerlich und wie geleckt. Meine Mama und mein Papa haben sich längst in Fernseher verwandelt. Ich bin bereit, mit jedem, der sich erreichen lässt, zu tauschen, Wir sitzen ein bisschen herum, plaudern, rauchen und vielleicht werden wir uns ja schreiben.
Припе́в	*Refrain*
Э́тот го́род запо́лнен деньга́ми и проститу́тками. Я не про́тив ни тех, ни други́х, но то́лько не су́тками. Я гото́ва забы́ть и нача́ть, разуме́ется, за́ново, Пригото́вьте, согла́сно усло́виям, си́него са́мого.	Diese Stadt ist voller Geld und Prostituierter. Ich habe weder gegen das eine noch gegen die anderen etwas, aber nicht Tag und Nacht. Ich bin bereit zu vergessen und selbstverständlich von Neuem zu beginnen, Bereitet, den Bedingungen entsprechend, das Allerblaueste vor.
Припе́в	*Refrain*

K/T: Zemfira Talgatovna Ramazanova © First Music Publ./Neue Welt Musikverlag GmbH & Co.KG

Ро́ма, извини́ (S.43)

Два часа́ на поболта́ть,
Поболта́ть и всё успе́ть,
И тебе́ пора́ бежа́ть,
Е́хать, а пото́м лете́ть.
Остава́йся, будь мое́й,
Остава́йся навсегда́,
А в отве́т: «Послу́шай, эй,
Созвони́мся, всё, пока́!»

Припе́в:
Ро́ма, извини́, но мне на́до бежа́ть,
Дела́, пойми́, дела́, дела́.
Ро́ма, извини́, у меня́ самолёт
Москва́ – Пари́ж – Мила́н – Москва́. (2x)

Лю́ди, ре́льсы, провода́ –
Го́род как большо́й вокза́л.
Нет тебя́, пото́м меня́:
Опозда́ла, опозда́л.
Ты болта́ла, я молча́л,
Хо́чешь – да, а хо́чешь – нет.
Я уже́ приме́рно зна́л,
Что́ ты ска́жешь мне в отве́т.

Припе́в (2x)

Неотло́жные дела́, все полго́да ни о чём,
Все полго́да – болтовня́,
Самолёты ни при чём.
Я гото́в бы бро́сить всё,
Что́бы быть с тобо́й всегда́.
Эй, подру́га, что́ с лицо́м?
Созвони́мся, всё, пока́.

Зна́ешь, извини́, но мне на́до бежа́ть,
Дела́, пойми́, дела́, дела́.
Зна́ешь, извини́, у меня́ самолёт
Москва́ – Росто́в – Каза́нь – Москва́.

Roma, entschuldige

Zwei Stunden Zeit, um zu plaudern,
Zu plaudern und zu allem zu kommen,
Und du musst auch schon bald los,
fahren und dann auch noch fliegen.
Bleib' und werde die Meine,
bleib' doch für immer,
Doch als Antwort kriegst du dann zu hören: Hey!
Wir hören von einander, bis bald!

Refrain:
Roma, entschuldige, aber ich muss los,
die Arbeit, versteh' doch, die Arbeit, die Arbeit.
Roma, entschuldige, mein Flieger geht,
Moskau – Paris – Mailand – Moskau. (2x)

Menschen, Gleise, Leitungen,
die Stadt ist wie ein großer Bahnhof.
Mal bist du, mal ich nicht da,
mal warst du, mal ich zu spät.
Du hast geplaudert, ich hab' geschwiegen,
wenn du willst, dann ja, wenn nicht, dann nein.
Ich habe schon ungefähr gewusst,
was du mir antworten wirst.

Refrain (2x)

Dringende Geschäfte, die ein halbes Jahr zu nichts führen,
Ein halbes Jahr ist alles nur Gerede,
an den Flügen ist nichts dran.
Ich wär' bereit alles hinzuschmeißen,
um immer bei dir zu sein.
Hey, Mädchen, ist irgendwas?
Wir hören von einander, bis bald.

Weißt du, entschuldige, aber ich muss los,
Die Arbeit, versteh' doch, die Arbeit, die Arbeit.
Weißt du, entschuldige, mein Flieger geht,
Moskau – Rostow – Kazan – Moskau.

Я вас люби́л (S.63)

Я вас люби́л: любо́вь ещё, быть мо́жет,
В душе́ мое́й уга́сла не совсе́м;
Но пусть она́ вас бо́льше не трево́жит;
Я не хочу́ печа́лить вас ниче́м.

Я вас люби́л безмо́лвно, безнаде́жно,
То ро́бостью, то ре́вностью томи́м;
Я вас люби́л так и́скренно, так не́жно,
Как дай вам Бог люби́мой быть други́м.

Ich liebte Euch

Ich liebte Euch: mag sein, die Liebe ist
in meiner Seele noch nicht ganz erloschen;
Doch möge sie nicht weiter Euch bekümmern;
Ich möchte Euch mit nichts betrüben.

Ich liebte Euch schweigend, ohne Zuversicht,
Von Schüchternheit, von Eifersucht gequält;
Ich liebte Euch so innig und so zärtlich,
geb' es Gott, dass Ihr von einem andren so geliebt werdet.

Посло́вицы и скорогово́рки – Sprichwörter und Zungenbrecher

От то́пота копы́т пыль по́ полю лети́т.	(S.17)	Vom Getrampel der Hufe fliegt der Staub übers Feld.
Протоко́л про протоко́л протоко́лом запротоколи́ровали.	(S.17)	Das Protokoll über das Protokoll hat man in einem Protokoll protokolliert.
В ти́хом о́муте че́рти во́дятся.	(S.43)	Stille Wasser sind tief.
Как а́укнется, так и откли́кнется.	(S.43)	Wie man in den Wald hineinruft, so schallt es heraus.

Изве́стные лю́ди – Berühmte Personen

Алекса́ндр II	4C	russ. Zar (1818–1881)
Горбачёв, Михаи́л Серге́евич	4C	letzter Präsident der Sowjetunion (*1931)
Екатери́на II (Вели́кая)	4C	Katharina II. (die Große), russ. Zarin (1729–1796)
Елизаве́та	4ТА	russ. Zarin (1709–1761)
Е́льцин, Бори́с Никола́евич	4C	erster Präsident Russlands (1931–2007)
Земфи́ра	5ТБ	russ. Rocksängerin (*1976)
Ива́н Гро́зный	4C	Iwan IV. (der Schreckliche), erster russ. Zar (1530–1584)
Ле́нин, Влади́мир Ильи́ч	4C	russ. Politiker und Begründer der Sowjetunion (1870–1924)
Па́влов, Ива́н Петро́вич	1ТА	russ. Mediziner (1849–1936)
Пётр I (Вели́кий)	4C	Peter I. (der Große), russ. Zar (1672–1725)
Пётр III	4ТА	russ. Zar und Ehemann Katharinas II (1728–1762)
Роша́ль, Леони́д Миха́йлович	3ТА	russ. Kinderarzt (*1933)
Ста́лин, Ио́сиф Виссарио́нович	4C	sowjet. Diktator (1878–1953)
Струга́цкие, Арка́дий и Бори́с (бра́тья Струга́цкие)	2УБ	russ. Schriftsteller; Arkadij (1925–1991), Boris (*1933)
Фдри́дрих Вильге́льм I	4ТБ	Friedrich Wilhelm I., König von Preußen (1688–1740)
Шли́ман, Ге́нрих	4УА	Johann Ludwig Heinrich Julius Schliemann, dt. Archäologe (1822–1890)

Географи́ческие назва́ния – Geographische Bezeichnungen

	in Russland	in Deutschland/weltweit
города́ и дере́вни	Амга́, А́страхань *f.*, Болугу́р, Великий Но́вгород, Владивосто́к, Влади́мир, Воркута́, Екатеринбу́рг, Ирку́тск, Каза́нь *f.*, Калинингра́д, Калу́га, Кострома́, Ли́пецк, Магада́н, Москва́, Му́рманск, Мы́шкин, Новосиби́рск, Оймяко́н, Омск, Орёл, Ряза́нь *f.*, Санкт-Петербу́рг, Сенгиле́й, Смоле́нск, Со́чи *indekl.*, Су́здаль *m.*, Ту́ла, Ца́рское Село́, Яку́тск, Яросла́вль *m.*	А́нклам, Берли́н, Га́лле, Га́мельн, Ганно́вер, Ге́йдельберг, Го́та, Ду́йсбург, Ха́ген, Хе́рренберг, Хойерсве́рда, Ху́зум, Цербст/Оде́сса
ре́ки	Амга́, Аму́р, Во́лга, Во́лхов, Енисе́й, Ле́на, Нева́, Обь *f.*	
моря́ и озёра	Байка́л, Илме́нь *m.*, Каспи́йское мо́ре, Ла́дожское о́зеро, Оне́жское о́зеро, Чёрное мо́ре	
го́ры	Алта́й, Белу́ха, Кавка́з, Ура́л, Эльбру́с	Цу́гшпитце
контине́нты, стра́ны, регио́ны	Кавка́з, Камча́тка, Сиби́рь *f.*, Татарста́н, Яку́тия	Шва́рцвальд/Амазо́ния, Афганиста́н, А́фрика, Гру́зия – Georgien, Изра́иль *m.*, Казахста́н, Эсто́ния – Estland

Bildquellennachweis

Umschlag: shutterstock, New York, NY: (Dvoretskiy Igor Vladimirovich) **U1.1**

AKG (RIA Nowosti), Berlin: **70.1**, **70.2**; Alamy Images (Ivan Vdovin), Abingdon, Oxon: **10.4**; Art Pictures Media, Moskau: **29.2**, **30.1**, **30.4**; Brosch, Monika, Grimma: **52.1**; Corbis, Düsseldorf: (Bernd Vogel) **37.3**, (Bettmann) **51.6**, **U3.9**, (Camilla Morandi) **41.2**, (Creasource) **19.1**, (Peter Turnley) **51.2**, (Shepard Sherbell) **51.5**, **U3.10**, (Yevgeny Khaldei) **51.4**; Eksmo Agency, Inc, Geneva: **30.7**, **30.8**; Fotolia LLC, New York: (Anna) **30.5**, (Anson Tsui) **30.11**, (D.Vasques) **22.5**, (DMK) **18.1**, (donkey IA) **60.1**, (Greg Pickens) **37.4**, (Ion Popa) **57.2**, (piumadaquila.com) **45.1**, (Sebastian Kaulitzki) **28.2**; Imago, Berlin: **41.1**, **41.5**, **58.1**, (Sergienko) **73.1**; Klett-Archiv, Stuttgart: **29.3**, **37.6**, **62.1**, (Brosch) **8.6**, **9.1**, **12.1**, (Alexandr Maximov) **8.2**, **8.4**, **10.1**, **10.2**, **10.3**, **37.1**, **39.1**, **45.2**, (Anton Abramow) **51.3**; laif, Köln: (James Hill) **22.1**; Legion Media, Moscow: **8.3**; Logo, Stuttgart: **44.1**; Picture-Alliance, Frankfurt: **U3.8**; (Jörg Carstensen) **41.3**; Production Company Igor Tolstunow Profit (Production Company Igor Tolstunow Profit; 119991, Russland, Moskau, ul. Mosfilmovskaja d.1), Moskau: **22.6**; RIA Nowosti (Ruslan Krivobok, STF), Berlin: **70.3**; Rosman Publishing (Illustrations © Rosman Publishing), Moskau: **30.6**; Rovestnik, Moskau: **22.3**; SAO Rakurs, Moskau: **29.1**, **30.2**, **30.3**; shutterstock, New York, NY: (Alena Root) **37.5**, (Andrey Burmakin) **50.2**, (Andrey Kozachenko) **22.4**, (Daniel Goodings) **22.2**, (Monkey Business Images) **37.2**; Stiftung Deutsch-Russischer Jugendaustausch GmbH, Hamburg: **8.1**, **8.5**, **9.2**; Thinkstock, München: (Hemera) **2.1**; Ullstein Bild GmbH, Berlin: (Momentophoto) **28.1**, (Nowosti) **41.4**, **46.1**, (The Granger Collection, New York) **50.3**; Wikimedia Foundation Inc., St. Petersburg FL: **57.1**, (PD) **64.1**, **64.2**, **U3.1**, **U3.2**, **U3.3**, **U3.4**, **U3.5**, **U3.6**, **U3.7**; (Public Domain) **50.1**, **51.1**

Sollte es in einem Einzelfall nicht gelungen sein, den korrekten Rechteinhaber ausfindig zu machen, so werden berechtigte Ansprüche selbstverständlich im Rahmen der üblichen Regelungen abgegolten.

Александр Сергеевич Пушкин
– великий русский поэт и писатель, один из основателей (Begründer) современной русской литературы.

Пётр Ильич Чайковский
– великий русский композитор и музыкальный журналист.

1799–1837

1840–1893

1672–1725

1834–1907

1844–1930

Пётр I Великий
– один из самых знаменитых русских царей. Пётр I провёл важные реформы и в 1703 году основал город Санкт-Петербург.

Дмитрий Иванович Менделеев
– русский химик, физик, геолог. В 1869 году он открыл периодический закон химических элементов (Periodensystem der Elemente).

Илья Ефимович Репин
– знаменитый русский художник-реалист.